亡友鲁迅印象记

许寿裳 著

当代世界出版社

图书在版编目（CIP）数据

亡友鲁迅印象记 / 许寿裳著 . —北京：当代世界出版社，2015.1
ISBN 978 - 7 - 5090 - 1009 - 9

Ⅰ. ①亡… Ⅱ. ①许… Ⅲ. ①鲁迅（1881～1936）—回忆录 Ⅳ. ①K825.6

中国版本图书馆 CIP 数据核字（2014）第 269172 号

书　　名：亡友鲁迅印象记
出版发行：当代世界出版社
地　　址：北京市复兴路 4 号（100860）
网　　址：http://www.worldpress.com.cn
编务电话：(010) 83908456
发行电话：(010) 83908409
　　　　　(010) 83908377
　　　　　(010) 83908455
　　　　　(010) 83908423（邮购）
　　　　　(010) 83908410（传真）
经　　销：全国新华书店
印　　刷：北京市玖仁伟业印刷有限公司
开　　本：880 毫米×1230 毫米　1/32
印　　张：8
字　　数：160 千字
版　　次：2015 年 1 月第 1 版
印　　次：2015 年 1 月第 1 次
书　　号：978 - 7 - 5090 - 1009 - 9
定　　价：35.00 元

出版总序

　　民国时期是中国从近代社会向现代社会转型蜕变的一个重要历史阶段。这个时期，政治风云变幻，思想文化激荡，内忧外患迭起。国家政治、经济、文化等均发生了翻天覆地的变化。新与旧、中与西、自由与专制、激进与保守、发展与停滞、侵略与反侵略，各种社会潮流在此期间汇聚碰撞，形成了变化万千的特殊历史景观。民国时期所出版的文献则是这一历史时期的全景式纪录，全面展现了民国时期波澜壮阔的历史画卷；精彩呈现了风云变幻的历史格局；生动描绘了西学东渐，学术思想百家争鸣的繁荣局面；真实叙述了中华民族抵御外族入侵，走向民族独立的斗争历程。因此，民国文献具有极其珍贵的历史文物性、学术资料性及艺术代表性。

　　民国时期是我国近代出版业萌芽和飞速发展的一个时期，规模层次各不相同的出版机构鳞次栉比，难以胜数。既有商务印书馆、中华书局、开明书店、世界书局、大东书局等这样著名的出版机构，亦有在出版史上昙花一现、出版物硕果仅存的小书局。对于民国时期出版物的总量，目前还没有非常精确的统计。国家图书馆在 20 世纪 90 年代，联合上海图书馆、重庆图书馆，以三馆馆藏为基础整理出版了《民国时期总书目》，收录中文图书 124040 种。据有关学者调查统计，这一数量大约为民国时期图书总出版量的九成。如果从学科内容区分，人文社会科学方面的出版物在数量上占绝对优势。

国家图书馆是国内外重要的民国文献收藏机构，馆藏宏富，并且作为国内图书馆界的领头羊，一向重视民国文献的保存保护。由于民国文献所用纸张极易酸化、老化，绝大多数已存在不同程度的损毁，难堪翻阅。为保存保护民国文献，不使我们传承出现文献上的断层，也为更多读者能够从不同角度阅读利用到民国文献，2011 年，国家图书馆联合国内文献收藏单位，策划了"民国时期文献保护计划"项目。随着项目的展开，国家图书馆在文献普查、海外文献征集、整理出版等各方面工作逐步取得了重要成果。

典藏阅览部作为国家图书馆内肩负民国文献典藏管理职责的部门，近年来在多个层面加大了对于民国文献的保存保护力度，组建了专门的团队，对民国文献进行保护性的整理开发，先后出版了《民国时期连环图画总目》《国家图书馆藏民国时期毛边书举要》《民国时期著名图书馆馆刊荟萃》等。

然而，民国时期出版物种类繁多，内容丰富。就国家图书馆馆藏而言，从早期的中译本《共产党宣言》到我国的第一本毛边本《域外小说集》，从大批的政府公报到名家译作，涵盖之广，其所具备的艺术价值、史料价值，亦足令人惊叹。相较之下，我们的整理工作方才起步。为不使这些闪烁着大家智识之光的思想结晶空自蒙尘，为使更广大的读者能够从中汲取养料，我们会陆续择其精者，将其重新排印出版，希望读者能够喜欢。

国家图书馆

2014 年 9 月

目　录

小　引

　　鲁迅逝世，转瞬快到十一周年了。那时候我在北平，当天上午便听到了噩音，不觉失声恸哭，这是我生平为朋友的第一副眼泪。鲁迅是我的畏友，有三十五年的交情，竟不幸而先殁，所谓"既痛逝者，行自念也"。因此陆续写了十多篇纪念的文字，如《怀亡友鲁迅》《怀旧》《鲁迅的生活》《回忆鲁迅》《关于〈弟兄〉》《鲁迅和民族性研究》《〈民元前的鲁迅先生〉序》《〈鲁迅诗集〉序》《鲁迅的几封信》等，都是"言之未尽，自视焰然"。

　　近来，好几位朋友要我写这印象记，我也觉得还有些可以写的。只是碌碌少暇，未能握笔，最近景宋通信也说及此事，有"回忆之文，非师莫属"之语，我便立意随时写出，每章只标明目次，不很计其时间之先后。可惜现在身边没有《鲁迅全集》，有时想找点引证，多不可得，这是无可奈何的！

一　剪　辫

一九○二年初秋，我以浙江官费派往日本东京留学，初入弘文学院预备日语；鲁迅已经在那里。他在江南班，共有十余人，也正在预备日语，比我早到半年。我这一班也有十余人，名为浙江班，两班的自修室和寝室虽均是毗邻，当初却极少往来。我们二人怎样初次相见，谈些什么，已经记不清了。大约隔了半年之后吧，鲁迅的剪辫是我对他的印象中要算最初的而且至今还历历如在目前的。

留学生初到，大抵留着辫子，把它散盘在脑门上，以便戴帽。尤其是那些速成班有大辫子的人，盘在头顶，使得制帽的顶上高高耸起，形成一座富士山，口里说着怪声怪气的日本话。小孩们见了，呼作"锵锵波子"。我不耐烦盘发，和同班韩强士，两个人就在到东京的头一天，把"烦恼丝"剪掉了。那时江南班还没有一个人剪辫的。原因之一，或许是监督——官费生每省有监督一人，名为率领学生出国，其实在东京毫无事情，连言语也不通，习俗也不晓，真是官样文章——不允许吧。可笑的是江南班监督姚某，因为和一位姓钱的女子有奸私，被邹容等五个人闯入寓中，先批他的嘴巴，后用快剪刀截去他的辫子，挂在留学生会馆里示众，我也兴奋地跑去看过的。姚某便只得狼狈地偷偷地回国去了，鲁迅剪辫是江南班中的第一个，大约还在姚某偷偷回国之先。这天，他剪去之后，来到我的自修室，脸上微微现着喜悦的表情。我说："阿，壁垒一新！"他便用手摩一下自己的头顶，相对一笑。此情此景，历久如新，所以我说这是最初的，而且至今还历历如在目前的一个印象。

鲁迅对于辫子，受尽痛苦，真是深恶而痛绝之。他的著作里可以引证的地方很多，记得《呐喊》便有一篇《头发的故事》，说头发是我们中国人的宝贝和冤家。晚年的《且介亭杂文》里有云：

> 对我最初提醒了满汉的界限的不是书，是辫子。这辫子，是砍了我们古人的许多头，这才种定了的，到得我有知识的时候，大家早忘却了血史，反以为全留乃是长毛，全剃好像和尚，必须剃一点，留一点，才可以算是一个正经人了。而且还要从辫子上玩出花样来……（《病后杂谈之余》）

鲁迅回国之后，照例装假辫子，也受尽侮辱，同书里有云：

"不亦快哉！"——到了一千九百十一年的双十(1911 年 10 月 10 日)，后来绍兴也挂起白旗来，算是革命了。我觉得革命给我的好处，最大，最不能忘的是我可以从此昂头露顶，慢慢地在街上走，再不听到什么嘲骂。几个也是没有辫子的老朋友从乡下来，一见面就摩着自己的光头，从心底里笑了出来道：哈哈，终于也有了这一天了。(同上)

鲁迅的那篇绝笔《因太炎先生而想起的二三事》(《且介亭杂文末编》)有云：

……假使都会上有一个拖着辫子的人，三十左右的壮年和二十上下的青年，看见了恐怕只以为珍奇，或者竟觉得有趣，但我却仍然要憎恨，愤怒，因为自己是曾经因此吃苦的人，以剪辫为一大公案的缘故。我的爱护中华民国，焦唇敝舌，恐其衰微，大半正为了使我们得有剪辫的自由。假使当初为了保存古迹，留辫不剪，我大约是决不会这样爱她的。

看了上面所引，鲁迅在初剪辫子的时候，那种内心的喜悦，也就可以推测，无怪不知不觉地表现到脸上来了。

二　屈原和鲁迅

鲁迅在弘文学院时，已经购有不少的日本文书籍，藏在书桌抽屉内，如拜伦的诗、尼采的传、希腊神话、罗马神话等等。我看见了这些新书中间，夹着一本线装的日本印行的《离骚》——这本书，他后来赴仙台学医，临行时赠给我了——稍觉得有点奇异。这也是早期印象之一。他曾经对我说过："《离骚》是一篇自叙和托讽的杰作，《天问》是中国神话和传说的渊薮。"所以他的《中国文学史》（即《中国文学史略》）上，关于《离骚》有这样的话：

> 其辞述己之始生，以至壮大，迄于将终，虽怀内美，重以修能，正道直行，而罹谗贼。于是放言遐想，称古帝，怀神山，呼龙虬，思佚女，申纾其心，自明无罪，因以讽谏。次述占于灵氛，问于巫咸，无不劝其远游，毋怀故宇。于是驰神纵意，将翱将翔，而眷怀宗国，终又宁死而不忍去也。

他的《中国小说史略》上，关于《天问》说：

> 若求之诗歌，则屈原所赋，尤在《天问》中，多见神话与传说，如"夜光何德，死则又育？厥利维何，而顾菟在腹？""鲧何所营？禹何所成？康回凭怒，地何故以东南倾？""昆仑县圃，其尻安在？增城九重，其高几里？""鲮鱼何所？鬿堆焉处？羿焉弹日？乌焉解羽？"是也。

记得郭沫若先生著《庄子与鲁迅》一文，说鲁迅熟于《庄子》，就其文章中惯用《庄子》的词句摘了好多出来，这话是确当的。鲁迅又熟于《屈子》，我也仿照就其几首旧诗中，很粗略地摘一点出来，以见一斑。其中有全首用骚词，如：

> 一枝清采妥湘灵，
> 九畹贞风慰独醒，
> 无奈终输萧艾密，
> 却成迁客播芳馨！

此外，如：

词句	诗题	著作年份
荃不察	自题小像	一九〇三
扶桑	送增田涉君归国	一九三一
美人不可见	无题	同上
浩歌	同上	同上
佳人	送 O. E. 君携兰归国	同上
遗远者	同上	同上
湘灵	湘灵歌	同上
浩荡	无题	一九三二
洞庭木落	同上	同上
渺渺	同上	同上
春兰秋菊	偶成	同上
华灯	所闻	同上
玄云	无题二首	同上
惆怅	同上	同上
无女耀高丘	悼丁君	一九三三
蛾眉	报载患脑炎戏作	一九三四
众女	同上	同上
芳草变	秋夜有感	同上

又鲁迅采作《彷徨》题词的是：

朝发轫于苍梧兮，

夕余至乎县圃。

欲少留此灵琐兮，

日忽忽其将暮。

吾令羲和弭节兮，

望崦嵫而勿迫。

　　　　路曼曼其修远兮，

　　　　吾将上下而求索。

　　这八句正写升天入地、到处受阻、不胜寂寞彷徨之感。

　　又鲁迅在北平阜成门内，西三条胡同寓屋书室，所谓"老虎尾巴"者，壁上挂着一副他的集骚句，倩乔大壮写的楹联，其文为：

　　　　望崦嵫而勿迫；

　　　　恐鹈鴂之先鸣！

　　这表明格外及时努力、用以自励之意。

　　我早年和鲁迅谈天，曾经问过他，《离骚》中最爱诵的是哪几句？他便不假思索，答出下面的四句：

　　　　朝吾将济于白水兮，

　　　　登阆风而绁马。

　　　　忽反顾以流涕兮，

　　　　哀高丘之无女！

　　依我想，"女"是理想的化身。这四句大有求不到理想的人誓不罢休之意，所以下文还有"折琼枝以继佩"之句。

至于说"《天问》是中国神话和传说的渊薮",也是正当的。可惜书中至今还有未得其解的地方,自近年来,卜辞出土,新证遂多,使难以索解之文渐次明白了。例如王国维先生考定了《山海经》中屡称帝俊,俊就是帝喾;又所说王亥(《大荒东经》)确是殷代的先祖。于是《天问》中,"该秉季德……恒秉季德……",足以证明了"该"即王亥,乃始作服牛之圣。"恒"是玉恒,也是殷的先祖。所以王先生说:

　　壬亥与上甲微之间,又当有王恒一世,以《世本》《史记》所未载,《山经》《竹书》所不详,而今于卜辞得之;《天问》之辞,千古不能通其解者,而今由卜辞通之,此治史学与文学者所当同声称快也。

三 杂谈名人

二十世纪初年，我国译界负盛名的有两人：曰严复，曰林纾。鲁迅受过这两人的影响，后来却都不大佩服了。有一天，我们谈到《天演论》，鲁迅有好几篇能够背诵，我呢，老实说，也有几篇能背的，于是二人忽然把第一篇《察变》背诵起来了——

赫胥黎独处一室之中，在英伦之南，背山而面野，槛外诸境，历历如在几下。乃悬想二千年前，当罗马大将恺撒未到时，此间有何景物：计惟有天造草昧，人功未施，其借征人境者，不过几处荒坟，散见坡陀起伏间；而灌木丛林，蒙茸山麓，未经删治如今日者则无疑也。……

鲁迅到仙台以后，有一次给我通信，还提及《天演论》，开个玩笑。大意是说仙台气候寒冷，每天以入浴取暖。而仙台浴堂的构造，男女之分，只隔着一道矮的木壁。信中有云："同学阳狂，或登高而窥裸女。"自注："昨夜读《天演论》，故有此神来之笔！"

严氏译《天演论》，自称达旨。为什么称达旨呢？只要取赫胥黎的原本——《进化和伦理学》，和严氏所译一对照，便可了然。原本中只是一节，而译本扩充为一篇。达是达了，究竟不能说是译书的正法。他又译穆勒的《名学》，亚丹斯密的《原富》，斯宾塞的《群学肄言》，甄克思的《社会通诠》，较为进步。总之，他首开风气，有筚路蓝缕之功。鲁迅时常称道他的"一名之立，旬月踟蹰，我罪我知，是存明哲"，给他一个轻松的绰号，叫作"不佞"。——鲁迅对人，多喜欢给予绰号，总是很有趣的。后来，我们读到章太炎先生的《社会通诠商兑》，有云：

就实论之，严氏固略知小学，而于周秦两汉唐宋儒先之文史，能得其句读矣。然相其文质，于声音节奏之间，犹未离于帖括。申夭之态，回复之词，载飞载鸣，情状可见，盖俯仰于桐城之道左，而未趋其庭庑者也……

从此鲁迅对于严氏，不再称"不佞"，而改称"载飞载鸣"了。

林纾译述小说有百余种之多，也是首开风气的事业。他不谙原文，系经别人口述，而以古文笔法写出。出版之后，鲁迅每本必读，而对于他的多译哈葛德和科南道尔的作品，却表示不满。他常常对我说："林琴南又译一部哈葛德！"又因其不谙原文，每遇叙难状之景，任意删去，自然也不以为然。

严林二人之外，有蒋智由，也是一位负盛名的维新人物而且主张革命的。他居东颇久，我和鲁迅时常同往请教的，尤其在章先生上海入狱的时候。他当初还未剪辫，喜欢戴一顶圆顶窄檐的礼帽，通俗所谓绅士帽者是。他的诗文清新，为人们所传诵，例如《送匄耳山人归国诗》——

亭皋飞落叶，鹰隼出风尘。
慷慨酬长剑，艰难付别尊。
敢云吾发短，要使此心存。
万古英雄事，冰霜不足论！

匄耳山人指吾友陶焕卿，归国是为的运动革命。焕卿名成章，是一位革命元勋，留学未久，即行返国。生平蓬头垢面，天寒时，用草绳做衣带，芒鞋日行八九十里，运动浙东诸县的豪俊起义，屡遭危难，而所向有功。又游南洋群岛，运动侨民。辛亥年自爪哇归时，浙江已反正了，举汤寿潜为都督了，焕卿被任为参议，郁郁不得志，自设光复军总司令部于上海，募兵，为忌者所暗杀。我撰挽联有云："看今日江山光复，如火如荼，到处染我公心血。"观云这首诗的头两句，就很能映出焕卿的时代背景及其一鸣惊人的神采。

又有一首是：

> 金陵有阁祀湘乡曾氏，悬额："江天小阁坐人豪"，有人以擘窠大字题其上曰："此杀我同种汉贼会国藩也。"诗以记之。
>
> "江天小阁坐人豪"，收拾河山奉满朝。赢得千秋题汉贼，有人史笔已如刀。

可是有一次，蒋氏谈到服装问题，说满清的红缨帽有威仪，而指他自己的西式礼帽则无威仪。我们听了，颇感奇怪。辞出之后，鲁迅便在路上说："观云的思想变了。"我点点头。我们此后也不再去。果然，不久便知道他和梁启超组织政闻社，主张君主立宪了。于是鲁迅便给他一个绰号——"无威仪"。

四　《浙江潮》撰文

一九〇二年春，革命元勋章太炎先生避地东京，和中山先生会见，英杰定交，同谋革命，同时发起"中夏亡国二百四十二年纪念会"以励光复，并且撰书告留学生，极为沈痛。有云："……愿吾滇人无忘李定国，愿吾闽人无忘郑成功，愿吾越人无忘张煌言，愿吾桂人无忘瞿式耜，愿吾楚人无忘何腾蛟，愿吾辽人无忘李成梁！……"鲁迅那时已在东京，当然受到这位革命元勋的莫大的影响。

翌年，章先生在沪，又和同志公开讲演革命，讲稿辄在《苏报》上发表，后来竟成了轰动全国的"《苏报》案"。章先生和邹容虽因此而入狱，然而革命党的声气从此大盛，和清政府对质于公堂，俨然成了敌国之势。这时候，东京方面，杂志云起，《浙江潮》也出世了。命名之始，就起了两派的争执：温和的一派主张用浙江同乡会月刊之类，激烈的一派大加反对，主张用这个名称，来作革命潮汹涌的象征。起初由孙江东、蒋百里二人主编。百里撰《发刊词》，有云："忍将冷眼，睹亡国于生前，剩有雄魂，发大声于海上。"其最引人注意的，是登载章先生狱中的诗四首，最为鲁迅所爱诵，现录两首于下：

狱中闻湘人杨度被捕有感二首（六月十八日）

神狐善埋揶，高鸟喜回翔。

保种平生愿，征科绝命方。

马肝原识味，牛鼎未忘香。

千载《湘军志》，浮名是锁缰。

衡岳无人地，吾师洪大全。

中兴沴诸将，永夜遂沉眠。

长策惟干禄，微言是借权。

借君好颈子，来者一停鞭。

还有章先生的《张苍水集后序》，也是鲁迅所爱诵的，其末段有云：

……乃夫提师数千，出入江海，一呼南徼，数郡皆蒲伏，至江淮鲁卫诸豪，悉诣军中受约束，群房詟栗，丧气而不敢动。若公者，非独超跃史何诸将相，虽宋之文李，犹愧之矣。余生后于公二百四十岁，公

所挞伐者益衰。然戎夏之辨，九世之仇，爱类之念，
犹湮郁于中国。雅人有言："我不见兮。言从之迈"，
欲自杀以从古人也。余不得遭公为执牧圉，犹得是编
丛杂书数札，庶几明所乡往。有读公书而犹忍与彼虏
终古者，非人也！

这时我和鲁迅已经颇熟，我觉得他感到孤寂，其实我自己
也是孤寂的。刚刚为了接编《浙江潮》，我便向他拉稿。他一
口答应，隔了一天便缴来一篇——《斯巴达之魂》。他的这种
不谦让、不躲懒的态度，与众不同，诺言之迅和撰文之迅，真
使我佩服！这篇文是少年作，借斯巴达的故事，来鼓励我们民
族的尚武精神。后来他虽自惭幼稚，其实天才没有不从幼稚生
长来的。文中叙将士死战的勇敢，少妇斥责生还者的严厉，使
千载以下的读者如见其人！

鲁迅又撰一篇《说钍》，这是新元素"镭"的最初的绍介。
那时候"镭"刚刚被居里夫妇发见，鲁迅便作文以饷国人，并
且唤起纯粹科学研究的重要。

五 仙台学医

　　鲁迅往仙台学医的动机有四：我在《鲁迅的生活》和《回忆鲁迅》文中已经叙明了。别后，他寄给我一张照片，后面题着一首七绝诗，有"我以我血荐轩辕"之句，我也在《怀旧》文中，首先把它发表过了。现在只想从他的仪容和风度上追忆一下：

　　鲁迅的身材并不见高，额角开展，颧骨微高，双目澄清如水精，其光炯炯而带着幽郁，一望而知为悲悯善感的人。两臂矫健，时时屏气曲举，自己用手抚摩着；脚步轻快而有力，一望而知为神经质的人。赤足时，常常盯住自己的脚背，自言脚背特别高，会不会是受着母亲小足的遗传呢？总之，他的举动言笑，几乎没有一件不显露着仁爱和刚强。这些特质，充满在他的生命中，也洋溢在他的作品上，以成为伟大的作家，勇敢的斗士——中华民族的魂。

　　他的观察很锐敏而周到，仿佛快镜似的使外物不能遁形。因之，他的机智也特别丰富，文章上固然随处可见，谈吐上尤其层出不穷。这种谈锋，真可谓一针见血，使听者感到痛快，有一种涩而甘、辣而腴的味道。第三章所举给人绰号，便是一个例子。吾友邵铭之听他的谈话，曾当面评为"毒奇"。鲁迅对这"毒奇"的二字评，也笑笑首肯的。

他在医学校，曾经解剖过许多男女老幼的尸体。他告诉我：最初动手时，颇有不安之感，尤其对于年轻女子和婴孩幼孩的尸体，常起一种不忍破坏的情绪，非特别鼓起勇气，不敢下刀。他又告诉我：胎儿在母体中的如何巧妙，矿工的炭肺如何墨黑，两亲花柳病的贻害于小儿如何残酷。总之，他的学医，是出于一种尊重生命和爱护生命的宏愿，以便学成之后，能够博施于众。他不但对于人类的生命，这样尊重爱护，推而至于渺小的动物亦然。不是《呐喊》里有一篇《兔和猫》，因为两个小白兔不见了，便接连说一大段凄凉的话吗？从这一点就可以看出鲁迅的伟大之心！

他学医的成绩很不错，引起同学们一度的嫉妒和侮辱，记得他的《朝花夕拾》里曾经提到。吾友谢似颜觉得最可注意的，是他的伦理学成绩在优等。这话很切当。可见鲁迅不但在说明科学，研究有得，而且在规范科学，也是聚精会神，恢恢乎游刃有余。因之客观方面既能说明事实的所以然，主观方面又能判断其价值。以之知人论世，所以能切中肯綮；以之与人辩驳，所以能论据确凿，自立于不败之地；以之运用于创作，又每有双管齐下之妙。这种造诣，非有得于规范科学，洞悉真善美的价值判断者万不能达到的。

鲁迅学医时期的轶事，像水户下车去访朱舜水的遗迹呀，火车上让座给老妇人，弄得后来口渴想买茶而无钱呀，记得我已经发表过，无须再赘。现在忽然记起一件和我有关的故事来了。

一九〇五年春，我在东京高师学校读完了预科，趁这樱花假期，便和钱均夫二人同往箱根温泉，打算小住十天，做点译书的工作。路上偏遇到大雨，瀑布高高地飞着，云被忽然来裹住了，景色实在出奇。所以我住下旅馆，就写了好几张明信片，寄给东京的友人何燮侯、许绒夫、陈公孟、鲁迅等——鲁迅在春假中，也来东京，和我同住，不过他学校的假期短，须早回仙台去——报告寓址和冒雨旅行的所见。隔了一二日，收到友人的回片，或称我们韵人韵事，或羡我们饱享眼福，我看了不以为意。后来，公孟忽然到了，鲁迅也跟着来了。我自然不以为奇。大家欣然围坐谈天，直到夜半。第二天结伴登山，游"芦之湖"，路上还有冰雪的残块，终于爬到山顶。这个湖是有名的卤口湖——我译火山为地卤，译火山喷口为卤口——真是天开图画，风景清丽绝了。一排的旅馆临湖建筑着，我们坐在阳台上，只见四山环抱这个大湖，正面形成一个缺口，恰好有"白扇倒悬东海天"的"富士山"远远地来补满。各人入浴既了，坐对"富士"，喝啤酒，吃西餐，其中炸鱼的味道最鲜美，各人都吃了两份。真的，一直到现在，我实在再没有吃到这里似的好鱼。兴尽下山，大家认为满意，不虚此行。

　　谁知道公孟之来，原是有"特务"的。因为有章某向同乡造谣，说我们是为的"藏娇"到箱根去的。同乡友人们不相信，公孟也不信，却自告奋勇，要得个真相。鲁迅也不信，说假使真的"藏娇"，还会自己来报告寓址吗？天下没有这样傻瓜！果然，后来情形大白了，同乡友人们均鄙视这造谣的人。这件事隔了好久，鲁迅才对我说穿，我们相视大笑！

六　办杂志　译小说

鲁迅在弘文学院的时候，常常和我讨论下列三个相关的大问题：

一、怎样才是最理想的人性？

二、中国国民性中最缺乏的是什么？

三、它的病根何在？

他对这三大问题的研究，毕生孜孜不懈，后来所以毅然决然放弃学医而从事于文艺运动，其目标之一，就是想解决这些问题，他知道即使不能骤然得到全部解决，也求于逐渐解决上有所贡献。因之，办杂志、译小说，主旨重在此；后半生的创作数百万言，主旨也重在此。茅盾先生说得好：

……我看到了古往今来若干伟大的 Humanist 中间一个——鲁迅先生！

古往今来伟大的文化战士，一定也是伟大的 Humanist；换言之，即是"最理想的人性"的追求者，陶冶者，颂扬者。……正因为他们所追求而阐扬者，是"最理想的人性"，所以他不得不抨击一切摧残，毒害，蔽塞"最理想的人性"之发展的人为的枷锁——一切不合理的传统的典章文物。这是各时代各民族的 Humanist 所相同的。而鲁迅先生，则于"同"中更有其特殊者在。这特殊的什么，乃是拥有五千年悠久历史而现在则镣索重重的"东方文明"古国之历史的与现实的条件所产生而养育的。讲到什么是"最理想的人性"，中国儒者流确已说得很多；然而这些美丽动听的词句，经过现实的天平，就露了马脚。鲁迅先生指出了"吃人的礼教"，就是批判数千年最有力的美丽动听的儒家的"最理想的人性"的图案和规章，而追问着："怎样才是最理想的人性？"

一切伟大的 Humanist 的事业，一句话可以概括，拔出"人性"中的萧艾，培养"人性"的芝兰。然而不是每个从事于这样事业的人都明白认出那些"萧艾"是在什么条件之下被扶植而滋长，又在什么条件之下，那些"芝兰"方能含葩挺秀。中国古来的哲人，最缺乏者，就是此种明白的认识。"人性"或"最理想的人性"，原无时空的限制，然而在一定的时间条件之中，会形成"人性"的同中之异，此即所谓国民性或民族性。……

鲁迅先生三十年工夫的努力，在我看来，除了其他重大的意义外，尚有一同样或许更重大的贡献，就是给三个相联的问题开创了光辉的道路。……（《中苏文化》第九卷第二三期合刊——茅盾：《最理想的人性》）

鲁迅想办杂志而未成，记得《呐喊》自序上已有说明：出版期快到了，但最先就隐去了若干担任文稿的人，接着又逃走了资本，结果只余下不名一钱的三个人。这三个人乃是鲁迅及周作人和我。这杂志的名称，最初拟用"赫戏"或"上征"，都采取《离骚》的词句，但觉得不容易使人懂，才决定用"新生"这二字，取新的生命的意思。然而有人就在背地取笑了，说这会是新进学的秀才呢。我还记得杂志的封面及文中插图等等，均已经安排好好的，可惜没有用；而鲁迅做事的井井有条，丝毫不苟，很值得敬佩。

后来他在《河南》杂志撰文，如《科学史教篇》《摩罗诗力说》等，和他的少年作相较已经大有进步了，他深深地慨叹中国的无声，历史上虽伟大作家如屈原，抱九死无悔之贞，而乏反抗挑战之力，这不能不说是国民性缺点之一。有云：

……惟灵均将逝，脑海波起，通于汨罗，返顾高丘，哀其无女，则抽思哀怨，郁为奇文。茫洋在前，顾忌皆去，怼世俗之浑浊，颂己身之修能，怀疑自遂古之初，直至百物之琐末，放言无惮，为前人所不敢言。然中亦多芳菲凄恻之音，而反抗挑战，则终其篇未能见，感动后世，为力非强。刘彦和所谓"才高者菀其鸿裁，中巧者猎其艳辞，吟讽者衔其山川，童蒙者拾其香草"，皆着意外形，不涉内质，孤伟自死，社会依然，四语之中，函深哀焉，故伟美之声，不震吾人之耳鼓者，亦不始于今日。（《摩罗诗力说》）

鲁迅编译《域外小说集》二册，实在是中国介绍和翻译欧洲新文艺的第一人，我在《鲁迅的生活》中已经论及，现在从略。

七　从章先生学

　　章太炎先生是革命元勋，同时是国学大师。他的学术之大，可谓前无古人。拙著《章炳麟传》（胜利出版社印行）的序言中说：

　　　……试看满清一代的学术，惟有语言文字之学，就是所谓小学，的确超轶前贤，光芒万丈，其余多是不振的。其原因就在满洲入关以后，用种种凶暴阴险的手段来消灭我们汉族的民族意识。我们看了足以惊心动魄，例如兴文字狱呀，焚书呀，删改古书呀。民多忌讳，所以歌诗文史趋于枯窳；愚民策行，所以经世实用之学也复衰竭不堪。使一般聪慧的读书人，都只好钻入故纸堆里，做那考据训诂的学问。独有先生出类拔萃，虽则他的入手工夫也是在小学，然而以朴学立根基，以玄学致广大，批判文化，独具慧眼，凡古今政俗的消息，社会文野的情状，中印圣哲的义谛，东西学人的所说，莫不察其利病，识其流变，观其会通，穷其指归。"千载之秘，睹于一曙。"这种绝诣，在清代三百年学术史中没有第二个人。

章先生出狱以后，东渡日本，一面为《民报》撰文，一面为青年讲学，其讲学之地，是在大成中学里一间教室。我和鲁迅极愿往听，而苦与学课时间相冲突，因托龚未生（名宝铨）转达，希望另设一班，蒙先生慨然允许。地址就在先生的寓所——牛込区二丁目八番地《民报》社，每星期日清晨，我们前往受业，在一间陋室之内，师生环绕一张矮矮的小桌，席地而坐。先生讲段氏《说文解字注》，郝氏《尔雅义疏》等，神解聪察，精力过人，逐字讲释，滔滔不绝，或则阐明语原，或则推见本字，或则旁证以各处方言。自八时至正午，历四小时毫无休息，真所谓"诲人不倦"。其阐明语原，例如说，天得声于囟，地得声于也：

"说文"，囟，头会脑盖也。象形。……卤变为天颠，犹一孳乳为真，齿音敊为舌音也。天，颠也；颠，顶也。……天为人顶，引伸为苍苍者，犹也为女阳，孳乳为地也，初只作卤也而已……（详见《章氏丛书·文始》卷三，卤字）

"说文"，也，女阴也。从乀。象形。乀亦声。

此合体象形也。秦刻石作芒孳乳为地，重浊阴为地。古文地当只作也。……人体莫高于顶，莫下于阴（原注，足虽在下，然四支本可匆舒，故足不为最下，以阴为极），故以题号乾坤。（详见《文始》卷一，也字）

其推见本字，例如说"蝉嫣""蝉联"，蝉都是单之借。因为《诗经》"其军三单"，《毛传》训袭，乃是单字的本义。何谓"三单"？说经者以为三辰之旃，未谛。乃是说更番征调，以后至者充前人之缺，犹今时常备、后备、预备之制，这是先生的创获之一。

……单训为袭，是其本义。古文作丫，象其系联也。小篆为单，象古文变其形。《释天》：太岁在卯曰单阏。"孙炎作蝉焉。《方言》："蝉，联也"。《杨雄传》曰："有周氏之蝉嫣"。蝉嫣训连，连续即相袭义；此借蝉为单也。《孟子》曰："唐虞禅。"《汉书·文帝记》曰："嬗天下。"禅本封禅，嬗本训诿，今以此为继位之义，亦借为单。禅位犹言袭位也。明此，则毛公训单为袭，斯为本义。其军三单者，更番征调，犹卒更，践更，过更之制，其事易明。……《说文》训大，及韈之假借也。（《太炎文录》卷一《与尤

莹问答记》，并参阅同卷《毛公说字述》及《文始》

卷一，单字）

其旁证方言，例如今言"甚么"即"舍"之切音；今言"光
蛋"即"矜"之切音；元寒戈歌对转，即今言蘩菜声如菠菜；古
无轻唇音，故蜚虱本读毕虱。（详见《章氏丛书·新方言》）

章先生讲书这样活泼，所以新谊创见，层出不穷。就是有时
随便谈天，也复诙谐间作，妙语解颐。其《新方言》及《小学答
问》两书，都是课余写成的，其体大思精的《文始》，初稿也起
于此时。我们同班听讲的，是朱蓬仙（名宗莱），龚未生，钱玄
同（夏），朱逖先（希祖），周豫才（树人，即鲁迅），周起孟
（作人），钱均夫（家治），和我共八人。前四人是由大成再来听
讲的。听讲时，以逖先笔记为最勤；谈天时以玄同说话为最多，
而且在席上爬来爬去。所以鲁迅给玄同的绰号曰"爬来爬去"。

鲁迅听讲，极少发言。只有一次，因为章先生问及文学的
定义如何，鲁迅答道："文学和学说不同，学说所以启人思，
文学所以增人感。"先生听了说：这样分法虽较胜于前人，然
仍有不当。郭璞的《江赋》，木华的《海赋》，何尝能动人哀乐
呢。鲁迅默然不服，退而和我说：先生诠释文学，范围过于宽
泛，把有句读的和无句读的悉数归入文学。其实文字与文学固
当有分别的，《江赋》《海赋》之类，辞虽奥博，而其文学价值
就很难说。这可见鲁迅治学"爱吾师尤爱真理"的态度！

八 西片町住屋

一九〇八年春，我结束了东京高师的课业，打算一面补习国文，仍旧就学于章先生之门，一面续习德文，准备往欧洲留学。为要选择一个较优的环境，居然在本乡区西片町寻到一所华美的住宅。这原是日本绅士的家园，主人为要迁居大阪，才租给我的。规模宏大，房间新洁而美丽，庭园之广，花木之繁，尤为可爱，又因为建筑在坂上，居高临下，正和小石川区的大道平行，眺望也甚佳。我招了鲁迅及其弟起孟、钱均夫、朱谋宣共五人居住，高大的铁门旁边，电灯上署名曰"伍舍"。

西片町是有名的学者住宅区，几乎是家家博士、户户宏儒。我们的一家偏是五个学生同居。房屋和庭园却收拾得非常整洁，收房租的人看了也很满意。由西片町一拐湾出去，便是东京帝大的所在，赫赫的赤门，莘莘的方帽子群进群出。此地一带的商店和电车，多半是为这些方帽子而设的。方帽子越是破旧的，越见得他的年级高，资格老，快要毕业了。

鲁迅从小爱好植物，幼年时喜欢看陈淏子的《花镜》等书，常常到那爱种花木的远房叔祖的家，赏玩稀见的植物。又在《朝花夕拾》里，描写幼年读书的家里，一个荒废的"百草园"，是何等有趣而足以留连！他在弘文学院时代，已经买了三好学的《植物学》两厚册，其中着色的插图很多。所以他对于植物的培养有了相当的素养。伍舍的庭园既广，隙地又多，鲁迅和我便发动来种花草，尤其是朝颜即牵牛花，因为变种很多，花的色彩和形状，真是千奇百怪。每当晓风拂拂，晨露湛湛，朝颜的笑口齐开，作拍拍的声响，大有天国乐园去人不远之感。傍晚浇水，把已经开过的花蒂一一摘去，那么以后的花轮便会维持原样，不会减小。其余的秋花满地，蟋蟀初鸣，也助我们的乐趣！

鲁迅生平极少游玩。他在仙台时，曾和同学游过一次松岛，有许多张海上小岛的松林雪景的照片给我看。在东京伍舍时，有一次我和他同游上野公园看樱花，还是因为到南江堂购书之便而去的。上野的樱花确是可观，成为一大片微微带红色的云彩。花下的茶肆，接席连茵，铺以红毡，用清茶和樱饼饷客，记得袁文薮曾有《东游诗草》，第一首便是咏上野樱花的：

> 阿谁为国竭孤忠，
> 铜像魁梧"上野通"，
> 几许行人齐脱帽，
> 樱花丛里识英雄。

"上野通"是上野大道的意思，西乡隆盛的铜像建立在公园中，日本人对他没有一个不脱帽致敬的。

我和鲁迅不但同居，而且每每同行，如同往章先生处听讲呀；同往读德文呀——那时俄文已经放弃不读了；又同访神田一带的旧书铺，同访银座的规模宏大的丸善书店呀。因为我们读书的趣味颇浓厚，所以购书的方面也颇广泛，只要囊中有钱，便不惜"孤注一掷"，每每弄得怀里空空而归，相对叹道："又穷落了！"这些苦的经验，回忆起来，还是很有滋味的。

可惜好景不常，盛会难再，到冬时，荷池枯了，菊畦残败了，我们的伍舍也不能支持了——因为同住的朱钱两人先退，我明春要去德国，所以只好退租。鲁迅就在西片町，觅得一所小小的赁屋，预备我们三个人暂时同住，我走以后，则他们兄弟二人同住。我那时对于伍舍，不无留恋，曾套东坡的诗句成了一首《留别伍舍》，如下：

"荷尽已无擎雨盖，
菊残犹有傲霜枝。"
壶中好景长追忆，
最是朝颜裹露时。

九 归国在杭州教书

一九〇九年初春，留欧学生监督蒯礼卿辞职，我的学费无着了，只好把欧游临时终止，归国来担任浙江两级师范学堂的教务长了。鲁迅对我说："你回国很好，我也只好回国去，因为起孟将结婚，从此费用增多，我不能不去谋事，庶几有所资助。"他托我设法，我立刻答道："欢迎，欢迎！"我四月间归国就职，招生延师，筹备开学。其时新任监督是沈衡山先生，对于鲁迅一荐成功，于是鲁迅就在六月间归国来了。我在《关于〈弟兄〉》文中，有一段说道：

> ……鲁迅在东京不是好好地正在研究文艺，计划这样，计划那样吗？为什么要"归国，任浙江两级师范学堂生理学化学教员"呢？这因为作人那时在立教大学还未毕业，却已经和羽太信子结了婚，费用不够了，必须由阿哥资助，所以鲁迅只得自己牺牲了研究，回国来做事。鲁迅《自传》中，所谓"终于，因

为我的母亲和几个别人很希望我有经济上的帮助，我便回到中国来"。"几个别人"者，作人和羽太信子也。……

鲁迅教书是循循善诱的，所编的讲义是简明扼要，为学生们所信服。他灯下看书，每至深夜，有时还替我译讲义，绘插图，真是可感！到了冬天，学校里忽然起了一个风潮，原因由于监督易人：衡山先生被选为谘议局副议长了，继任者是一位以道学自命的夏震武，我们名之曰"夏木瓜"。到校的一天，他要我陪同谒圣，我拒绝了，说开学时已经拜过孔子，恕不奉陪。他很不高兴，我也如此。接着因为他对于住堂的教员们，仅仅差送一张名片，并不亲自拜会，教员们大哗，立刻集会于会议厅，请他出席，他还要摆臭架子，于是教员们一哄而散。我因为新旧监督接替未了，即向旧监督辞职，不料教员们也陆续辞职，鲁迅便是其中之一。教员计有朱希祖，夏丏尊，章嶔，张宗祥，钱家治，张邦华，冯祖荀，胡濬济，杨乃康，沈朗斋……统统搬出了校舍，表示决绝。夏震武来信骂我是"离经畔（叛）道，非圣侮法"，简直是要砍头的罪名；我便报以"理学欺人，大言诬实"。使得他只好勉强辞职，我们便回校，回校后开了一个"木瓜纪念会"。

鲁迅最富于正义感，义之所在，必尽力以赴，不畏强御而强御畏之。那时候他在家乡也遇到这样的事：他的外家在安桥头，《社戏》中所描写的乡间景色，便是这里的景色。其舅氏鲁寄湘是个书生而擅长中医，和中药店伙章某相友善。章某怂恿他在镇塘殿开个药店，章某自荐可以任经理；其地离安桥头不过三里，舅氏可以随时前往，为人诊病，以资消遣；言之成理，小店遂开成了。不料章某自便私图，在几个月内就盗弄一空，舅氏看事无可为，赶快把店铺收歇了。章某还不满意，看得舅氏忠厚可欺，又怂恿孙断市有大势力的孙某，假借市商务分会的名义来反对歇业，定期开会，通知舅氏出席，打算和他为难。舅氏大窘，特地来和鲁迅商量对付之法。鲁迅说这事理直气壮，毫无可怕，我就可做你的代表出席。届时，鲁迅便单身独往，等候到晚，竟没有一个人来会，鲁迅自行回去了，此事也就风平浪静了。

鲁迅极少游览，在杭州一年之间，游湖只有一次，还是因为应我的邀请而去的。他对于西湖的风景，并没有多大兴趣。"保俶塔如美人，雷峰塔如醉汉"，虽为人们所艳称的，他却只说平平而已；烟波千顷的"平湖秋月"和"三潭印月"，为人们所留连忘返的，他也只说平平而已。

一〇 入京和北上

中华民国元年（1912 年）一月一日临时政府成立，定都南京，蔡孑民先生任教育总长。其时一切草创，规模未具，部中供给膳宿，每人仅月支三十元。我被蔡先生邀至南京帮忙，草拟各种规章，日不暇给，乘间向蔡先生推荐鲁迅。蔡说："我久慕其名，正拟驰函延请，现在就托先生——蔡先生对我，每直称先生——代函敦劝，早日来京。"我即连写两封信给鲁迅，说蔡先生殷勤延揽之意。鲁迅在《朝花夕拾·范爱农》有说：

> ……然而事情很凑巧，季茀写信来催我往南京了。爱农也很赞成，但颇凄凉，说：
> "这里又是那样，住不得，你快去罢……"
> 我懂得他无声的话，决计往南京。

不久，鲁迅来京了，我们又复聚首，谈及故乡革命的情形，多属滑稽而可笑。我们白天则同桌办公，晚上则联床共话，暇时或同访图书馆，鲁迅借抄《沈下贤集》《唐宋传奇集》所收的《湘中怨辞》《异梦录》《秦梦记》，就在这时抄写的。或同寻满清驻防旗营的废址，只看见一片焦土，在瓦砾堆中，有一二年老的满洲妇女，住在没有门窗的破屋里，蠕蠕而动，见了我们，其惊惧似小鼠，连说没有什么，没有什么。鲁迅为我讲述当年在路矿学堂读书，骑马过旗营时，老是受旗人的欺侮，言下犹有余恨。后来蔡先生被命北上，迎接袁世凯去了，次长景耀月来代理部务。此人好大喜功，只知扩充自己势力，引用私人，忽然开会议要办杂志了，鲁迅不很睬他，他也太不识人，据说暗中开了一大张名单，送请大总统府任命，竟把周树人的姓名无端除去。幸而蔡先生就回来了，赶快把这件事撤销，否则闹成大笑话了。

四月中，我和鲁迅同返绍兴，五月初，同由绍兴启程北上，还有蔡谷清和舍侄世璿同行。记得在上海登轮之前，鲁迅买了一部有正书局出版的《红楼梦》，以备船中翻阅。在分配舱位时，鲁迅忽发妙语说："我睡上铺，谷清是被乌龟背过了的，我不愿和他同房。"于是他和舍侄住一间，我和谷清住一间。至于"乌龟背过"，乃系引用谷清的自述，说从前在北京时，曾到八大胡同妓院吃花酒，打茶围，忽遇骤雨，院中积水，无法出门了，由妓院男子背负涉水而出。鲁迅偶然想起提出，也是一种机智，令人发笑。

到京后，同住山会邑馆，其时已改为绍兴会馆，先兄铭伯
先生原居在此——嘉荫堂，现在我们兄弟二人同住，舍侄住对
面的绿竹舫，鲁迅住藤花馆。先兄和鲁迅一见如故，谈话很投
机，此后过从也很密。鲁迅看见先兄的书桌上，放置着《越中
先贤祠目序例》多册，便索取了一册去，这是到京馆第一天的
印象。

《越中先贤祠目序例》，会稽李慈铭编撰。祠目以西汉的西
域都护郑吉为首，直至清代为止，自言选择审慎，惟其摈斥王
充，见解殊嫌迂陋。祠屋门口的楹联，也是慈铭所撰，征引乡
邦文献，自铸伟辞，可见工力。现在抄录于下：

溯君子六千人，自教演富中，醴水脂舟，魁奇代
育，有谢氏传，贺氏赞，虞公典录，钟离后贤，暨孙
问王赋以来，接迹至熙朝，东箭南璆，三管豪尚长
五色。

表镇山一十道，更瑞图王会，簧金盒玉，钟毓尤
灵，况渐名江，镜名湖，宛委洞天，桐柏仙室，应婺
宿斗维而起，翘英遍京国，殊科合辙，一堂辇下共
千秋。

鲁迅籍隶会稽，对于乡邦文献，也是很留意的。李周二
人，后先辉映，实为吾越之光。鲁迅撰集先贤的逸文，足供后

人瞻仰景行，所刊的《会稽郡故书杂集》，便是一个例子。其序文有曰：

> ……是故序述名德，著其贤能，记注陵泉，传其典实，使后人穆然有思古之情，古作者之用心至矣！其所造述虽多散亡，而逸文尚可考见一二。存而录之，或差胜于泯绝云尔。因复撰次写定，计有八种。诸书众说，时足参证本文，亦各最录，以资省览。书中贤俊之名，言行之迹，风土之美，多有方志所遗，舍此更不可见。用遗邦人，庶几供其景行，不忘于故。……

文中所谓八类，是谢承的《会稽先贤传》，虞预的《会稽典录》，钟离岫的《会稽后贤传记》，贺氏的《会稽先贤像赞》，朱育的《会稽土地记》，贺循的《会稽记》，孔灵符的《会稽记》，夏侯曾先的《会稽地志》。这部《会稽郡故书杂集》，民国三年用周作人的名刊行，即此就可以见得鲁迅的牺牲精神，而以名利让给其弟。

一一　提倡美术

　　教育总长蔡孑民先生就职以后，即竭力提倡"以美育代宗教"，因为美感是普遍性，可以破人我彼此的偏见；美感是超越性，可以破生死利害的顾忌，在教育上应特别注重。在政务百忙之中，自撰《对于教育方针之意见》，说："教育界所提倡之军国民主义及实利主义，固为救时之必要，而不可不以公民道德为中坚；欲养成公民道德，不可不使有一种哲学上之世界观与人生观，而涵养此等观念，不可不注重美育。"又说："美育为美感之教育。美感者，合美丽与尊严而言之，介乎现象世界与实体世界之间而为津梁。……在现象世界，凡人皆有爱恶惊惧喜怒哀乐之情，随离合生死祸福利害之现象而流转。至美术则以此等现象为资料，而能使对之者自美感以外，一无杂念。例如……火山赤舌，大风破舟，可骇可怖之景也，而一入图画则转堪展玩。"

　　这种教育方针，当时能够体会者还很寥寥，惟鲁迅深知其原意；蔡先生也知道鲁迅研究美学和美育，富有心得，所以请他担任社会教育司第一科科长，主管图书馆、博物馆、美术馆等事宜。因之鲁迅在民元教育部暑期演讲会，曾演讲美术，深入浅出，要言不烦，恰到好处，这是他演讲的特色。他并且写出一篇简短的文言文，登载在教育部民元出版的一种汇报。这汇报只出了两册，便中止了。我近年来遍搜未得，耿耿于心——廿七年（1938 年）编印的《鲁迅全集》内未经收入。记得鲁迅这篇文章之中，说到刻玉为楮叶，可以乱真，桃核雕文章，可逾千字，巧则巧矣，不得谓之美术。深愿在最近的将来，这两册汇报，能够觅到，也是搜逸补遗的一种工作。

鲁迅的爱好艺术，自幼已然，爱看戏，爱描画；中年则研究汉代画像；晚年则提倡版画，工作的范围很广，约略言之：（一）搜集并研究汉魏六朝石刻，不但注意其文字，而且研究其画像和图案，是旧时代的考据家赏鉴家所未曾着手的。他曾经告诉我：汉画像的图案，美妙无伦，为日本艺术家所采取。即使是一鳞一爪，已被西洋名家交口赞许，说日本的图案如何了不得，了不得，而不知其渊源固出于我国的汉画呢。（二）搜集并印行近代木刻，如《北平笺谱》等。（三）奖掖中国青年木刻家，不但创办木刻讲习会，自己担任口译，使他们得以学习；创开各国名画展览会，使他们有所观摩；对于本国新进者的作品，鼓舞批评，不加客气。（四）介绍外国进步作家的版画，例如精印《凯绥·珂勒惠支版画选集》，这位有丈夫气概的女子作品实在伟大，这本精印的选集实可宝贵，"只要一翻这集子，就知道她以深广的慈母之爱，为一切被侮辱和损害者悲哀，抗议，愤怒，斗争；所取的题材大抵是困苦，饥饿，流离，疾病，死亡，然而也有呼号，挣扎，联合和奋起"（《且介亭杂文末编》，〈凯绥·珂勒惠支版画选集〉序目）。

说到这本选集，永远引起我的悲痛，记得廿五年（1936年）七月底，我从嘉兴回北平，道经上海，往访鲁迅，盘桓了一日。这时候，他大病初愈，选集初初印得，装订成册的还只有几本，他便挑选了一本赠我，亲手题几行小启，曰："印造此书，自去年至今年，自病前到病后，手自经营，才得成就，持赠季茀一册，以为纪念耳。"晚九时后，我将去上沪平夜车了，手执这本巨大宝贵的书，握手告别，又喜悦，又惆怅。景宋为我叫汽车，鲁迅送我到门口，还问我几时回南，那里知道这便是永诀呢！痛哉！

一二　整理古籍和古碑

自民二（1913 年）以后，我常常见鲁迅伏案校书，单是一部《嵇康集》，不知道校过多少遍，参照诸本，不厌精详，所以成为校勘最善之书。其序文有云："……今此校定，则排摈旧校，力存原文。其为浓墨所灭，不得已而从改本者，则曰：字从旧校，以著可疑。义得两通，而旧校辄改从刻本者，则曰：各本作某，以存其异。"并作《逸文考》《著录考》各一卷附于末尾，便可窥见他的工夫的邃密。

老实说，鲁迅对于汉魏文章，素所爱诵，尤其称许孔融和嵇康的文章，我们读《魏晋风度及文章与药及酒之关系》（《而已集》），便可得其梗概。为什么这样称许呢？就因为鲁迅的性质，严气正性，宁愿覆折，憎恶权势，视若蔑如，皓皓焉坚贞如白玉，懔懔焉劲烈如秋霜，很有一部分和孔嵇二人相类似的缘故。

此外，鲁迅辑录《谢承后汉书》，尚未印行。《会稽郡故书杂集》已说在前。又，搜辑并考证历代小说史料，计有《古小说钩沉》《唐宋传奇集》《小说旧闻抄》三部，是他的《中国小说史略》的副册。搜罗的勤劬，考证的认真，允推独步。近年来研究小说者虽渐次加多了，宋以后的史料虽有新获了，但是搜辑古逸之功，还未见有能及鲁迅的呢。

至于鲁迅整理古碑，不但注意其文字，而且研究其图案，已略述于前章。即就碑文而言，也是考证精审，一无泛语，如《南齐吕超墓志跋》便是一例。这篇跋文，全集中未经收入——其实，鲁迅的汉魏六朝石刻研究，书未完成，故不付印。我知道吕超墓志石出土以后，经年即为舍亲顾鼎梅所得，藏在杭州，舍亲范鼎卿及鲁迅均有跋文，考证详明，两人不谋而合。鼎梅曾将这两篇跋文付石印，因即驰书商索，承其寄示，不禁狂喜。志文十五行，每行十九字，可释者仅仅百余字。现在先钞可释之字，后录鲁迅所撰全文如下：

□□墓志

故龙□将军隋郡王国中军吕府君讳超□□□

□东平人也胄兴自姜奄有营北飞芳□□□□

□□□□□因官即邦今居会稽山阴县□□□

□□□□□□令誉早宣故孝弟出于天性□□

□□□□□□风猷日新而修时有期春□□□

　　□□□□□岁在已巳夏五月廿三日□□□□

　　□□□□□一年冬十一月丙□□□□□□

　　□□□□□同录中军将军刘□□□□□□

　　□□□□金石□志风烈者□□□□□□□

　　□□蔼蔼清猷白云排岫出□□□□□□□

　　□□嘉□知□应我□□□□□□□□□□

　　□□□□其□春□□□□□□□□□□□

　　□□□□□□□□□□□□□□□□□□□

　　□□□□夕悄松□□□□□□□□□□□□

鲁迅跋文

　　吕超墓志石，于民国六年出山阴兰上乡。余从陈君古遗得打本一枚，以漫漶难读，久置箧中。明年徐吕恕先生至京师，又与一本。因得校写，其文仅存百十余字，国号年号俱泐，无可冯证。唯据郡名及岁名考之，疑是南齐永明中刻也。按随国，晋武帝分义阳立，宋齐为郡，隋为县。此云隋郡，当在隋前。南朝诸王分封于随者惟宋齐有之。此云隋郡王国，则又当在梁陈以前。《通鉴目录》，宋文帝元嘉六年，齐武帝永明七年，并太岁在己巳。《宋书·文帝纪》，元嘉二十六年冬十月，广陵王诞改封隋郡王。又《顺帝纪》，升明二年十二月改封南阳王翙为随郡王，改随阳郡，其时皆在已巳后。《南齐书·武帝纪》，建元四年六月，进封枝江公子隆为随郡王。《子隆本传》云，永明三年为辅国将军，南琅琊彭城二郡太守，明年迁江州刺史，未拜，唐寓之贼平，迁为持节，督会稽东阳新安临海永嘉五郡东中郎将，会稽太守。《祥瑞志》云，永明五年，山阴孔广家园桎树十二层，会稽太守随王子隆献之，与传合。子隆尝守会稽，则其封国之中军，因官而居山阴，正事理所有。故此已巳者，当为永明七年。五月廿三为卒日。□一年者，十一年。《通鉴目录》永明十一年十戊寅，十二月丁丑朔，则十一月为戊申朔，丙寅为十九日，其葬日也。和帝为皇子时，亦封随郡王，于时不合。唐开元十八年己巳，二十一年十一月丙寅朔，与志中之□一年冬十一月丙寅颇近，然官号郡名，无不格迕，若为迁窆，则年代相去又过远，殆亦非矣。永明中，为中军将军见于纪传者，南郡王长懋，王敬则，阴智伯，庐陵王子卿。此云刘□，泐其名，无可考。□志风烈者云以下无字。次为铭辞，有字可见者四行，其后余石尚小半。六朝志例，铭大抵不溢于志，或当记妻息名字，今亦俱泐。志书随为隋，罗泌云，随文帝恶随从辵改之。王伯厚亦讥帝不学。后之学者，或以为初无定制，或以为音同可通用，至征委蛇委随作证。今此石远在前，已如此作，知非随文所改。《隶释·张平子碑颂》，有"在珠咏隋，于璧称和"语。隋字收在刘球《隶韵》正无乏，则晋世已然。作随作隋作隋，止是省笔而已。东平本兖州所领郡，宋末没于魏。《南齐害州郡志》，言永明七年，因光禄大夫吕安国启立于北兖州。启有云"臣贱族桑梓，愿立此邦"，则安国与超盖同族矣。与石同出圹中者，尚有瓦甓铜竟各一枚。竟有铭云："郑氏作镜幽冻三商幽明镜"十一字，篆书，俱为谁何毁失。附识于此，使后有考焉。

以上是鲁迅跋文，考证工夫邃密如此！

范鼎卿跋文也很是详赡，以史志互证，确定吕超的时代及卒葬月分，和鲁迅所考全同。范跋有云："文内有中军将军刘□□，其名已泐，当为撰志之人。今就精拓石本细审之，刘字下尚有玄字之笔道可辨。考《南齐书》有刘玄明者，临淮人，为山阴令，大著名绩，附傅琰传。《南史》载刘玄明为山阴令，政为天下第一，终于司农卿。盖吕超为山阴人，玄明曾宰是邑，与超有旧，故于葬时为之撰志，而其时玄明已任中军将军，未几殆即改官司农矣（中军将军与司农卿，官秩并为第三品）。夫吕超为故乡人物，而撰文者又属前代名宦，则此志之可贵为何如也。"

一三　看佛经

民三（1914 年）以后，鲁迅开始看佛经，用功很猛，别人赶不上。他买了《瑜伽师地论》，见我后来也买了，劝我说道："我们两人买经不必重复。"我赞成，从此以后就实行，例如他买了《翻译名义集》，我便不买它而买《阅藏知津》，少有再重复的了。他又对我说，"释伽牟尼真是大哲，我平常对人生有许多难以解决的问题，而他居然大部份早已明白启示了，真是大哲！"但是后来鲁迅说："佛教和孔教一样，都已经死亡，永不会复活了。"所以他对于佛经只当做人类思想发达的史料看，借以研究其人生观罢了。别人读佛经，容易趋于消极，而他独不然，始终是积极的。他的信仰是在科学，不是在宗教。

鲁迅最后给我的一封信，还说到佛教。我因为章先生逝世，写了一篇《纪念先师章太炎先生》，中间引用先生"以佛法救中国"之言。鲁迅看了，不以为然，写信告诉我，另外说到纪念先生的方法，特抄录于下：

季市兄：

得《新苗》，见兄所为文，甚以为佳，所未敢苟同者，惟在欲以佛法救中国耳。

从中更得读太炎先生狱中诗，卅年前事，如在眼前。因思王静安没后，尚有人印其手迹；今太炎先生诸诗及"速死"等，实为贵重文献，似差乘收藏者多在北平之便，汇印成册，以示天下，以遗将来。故宫博物馆（院）印刷局，以玻璃板印盈尺大幅，每百枚五元，然而五十幅一本，百本印价，不过二百五十元，再加纸费，总不至超出五百，向种种关系者募捐，当亦易集也。此事由兄发起为之，不知以为何如？

与革命历史有关之文字不多，则书简，文稿，册叶，亦可收入，曾记有为兄作汉《郊祀歌》之篆画，以为绝妙也。倘进行，乞勿言由我提议，因旧日同学，多已崇贵，而我为流人，音问久绝，殊不欲以此溷诸公之意耳。

贱恙时作时止，毕究如何，殊不可测，只得听之。

专此布达，并请道安。

弟飞顿首

九月二十五日

这封信，在我所得鲁迅给我的诸信中，是最后的一封。九月二十五日，离他十月十九日去世，仅仅二十四天。我知道鲁迅的那篇《关于太炎先生二三事》，是看了我的这篇纪念文才作的。因为我文中引用了先生的狱中诗，鲁迅跟着也引用，故有"卅年前事，如在眼前"的话。这"狱中诗"四首，本系先生在狱中写寄蒋观云的。我由观云处索得，登入《浙江潮》，手迹则由我收藏，弥足宝贵，所以在鲁迅信中有"汇印成册"的提议。

鲁迅读佛经，当然是受章先生的影响。先生在西狱三年，备受狱卒的陵暴。邹容不堪其虐，因而病死。先生于做苦工之外，朝夕必研诵《瑜伽师地论》，悟到大乘法义，才能克服苦难，期满出狱后，鼓动革命的大业。先生和鲁迅师弟二人，对于佛教的思想，归结是不同的：先生主张以佛法救中国，鲁迅则以战斗精神的新文艺救中国。

一四　笔名鲁迅

　　我自民六（1917 年）秋，于役南昌，和鲁迅别开三年。
在这中间，鲁迅的生活起了大变化，前后可以划分为两段：前
者是摩挲古碑，后者是发表创作。这个变化即发表创作，是
《呐喊》序文所谓"老朋友金心异"——按即玄同——的催促
怂恿与有力的。创作的开始在民七（1918 年）四月，发表在
同年五月号的《新青年》，正是五四运动的前一年。其第一篇
《狂人日记》（《呐喊》），是借了精神迫害狂者来猛烈地掊击过
去传统和礼教的弊害，开始用"鲁迅"作笔名。我说过："这
是鲁迅生活上的一个大发展，也是中国文学史上应该大书特
书的一章。因为从此，文学革命才有了永不磨灭的伟绩，国语
文学才有了不朽的划时代的杰作，而且使他成为我们中国思
想界的先知，民族解放上最勇敢的战士。"我当时在南昌，读
到这篇《狂人日记》，所说他和人们没有什么仇，"只有廿年以
前，把古久先生的陈年流水簿子踹了一脚，古久先生很不高
兴"。又说，"没有吃过人的孩子，或者还有？救救孩子……"

说穿了吃人的历史，于绝望中寓着希望，我大为感动。

　　……觉得这很像周豫才的手笔，而署名却是姓鲁，天下岂有第二个豫才乎？于是写信去问他，果然回信来说确是"拙作"，而且那同一册里有署名唐俟的新诗也是他做的。到了九年的年底，我们见面谈到这事，他说："因为《新青年》编辑者不愿意有别号一般的署名，我从前用过迅行的别号是你所知道的，所以临时命名如此：理由是（一）母亲姓鲁，（二）周鲁是同姓之国，（三）取愚鲁而迅速之意。""至于唐俟呢？"他答道，"哦！因为陈师会（衡恪）那时送我一方石章，并问刻作何字，我想了一想，对他说，'你叫作槐堂，我就叫俟堂罢。'"

　　我听到这里，就明白了这"俟"字的涵义，那时部里的长官某颇想挤掉鲁迅，他就安静地等着，所谓"君子居易以俟命"也。把"俟堂"两个字颠倒过来，堂和唐这两个字同声可以互易，于是成名曰"唐俟"。周、鲁、唐又都是同姓之国也。可见他无论何时没有忘记破坏偶像的意思。（拙著《鲁迅的生活》）

　　这样用母姓的事，以后就很多。不是蔡孑民先生晚年署名曰"周子余"吗？有一个蔡先生的熟人，不明这个底细，便向蔡先生开玩笑，说"你现在也姓了周吗？哈哈。"因为他只知道蔡夫人是姓周，而不知其母夫人姓什么。蔡先生乃正色答道："这因为先母姓周……"那位熟人听了，立刻肃然道歉而退。

因为鲁迅只是笔名，所以鲁迅不愿意别人把鲁迅上面再冠一个周字的。而且他自己的署名总是仍用树人，凡有给我的信署名都是如此；但是自从十九年（1930 年）三月以后，则不得已而用种种化名，如"索士""树""迅""飞"……这是为免除收信者横受嫌疑计，用意是很周到的。

说到鲁迅笔名，我还记起一件小小的故事：十八年（1929 年）夏，鲁迅至北平省亲回来，对我说："我为了要看旧小说，至孔德学校访隅卿，玄同忽然进来，唠叨如故，看见桌子上放着一张我的名片，便高声说：'你的名字还是三个字吗？'我便简截地答道：'我的名片从来不用两个字，或四个字的。'他大概觉得话不投机，便出去了……"所谓用两个字或四个字，乃是微微刺着玄同的名片，时而作"钱夏"，时而作"玄同"，时而作"疑古玄同"。《两地书（一二六）》有云："途次往孔德学校去看旧书，遇金立因，胖滑有加，唠叨如故，时光可惜，默不与谈……"便是指玄同而言。直到鲁迅去世了，玄同作文追悼，还提及这件小小的故事呢。

一五　杂谈著作

　　据我所知，鲁迅的著作有好多篇是未完成的。他对我说过，想要做一部《中国字体发达史》，在开始说明字的起源，就感觉得资料不足。甲骨文中所见的象形，"都已经很进步了，几乎找不出一个原始形态。只在铜器上，有时还可以看见一点写实的图形，如鹿，如象，而从这图形上，又能发见和文字相关的线索：中国文字的基础是'象形'。"我答道诚然，像西班牙亚勒泰米拉（Altamira）洞里的野牛形，在中国的实物上似乎还没有找到。他这部字体发达史，终于没有写出，只在《门外文谈》（《且介亭杂文》）中略现端倪。用"门外"二字作题目，虽说是由于门外乘凉的漫谈，但其实也含着自谦的美意啊。

　　鲁迅想要做《中国文学史》分章是：（一）从文字到文章，（二）诗无邪（《诗经》），（三）诸子，（四）从《离骚》到《反离骚》，（五）酒、药、女、佛（六朝），（六）廊庙和山林。其大意也曾片段地对我说过。关于诸子者，他说杨子为我，只取他自己明白，当然不会著书；墨子兼爱，必使人人共喻，故其文词丁宁反覆；老子的"无为而无不为"，总嫌其太阴柔；庄子的文词深闳放肆，则入于虚无了。关于《反离骚》者，以为杨雄撅《离骚》而反之，只是文求古奥，使人难懂，所谓"昔仲尼之去鲁兮，斐斐迟迟而周迈，终回复于旧都兮，何必湘渊与涛濑"。但假使竟没有可以回复之处，那将如何呢？《离骚》而至于《反离骚》，《恨赋》而至于《反恨赋》，还有甚么意思呢？关于酒和药者，他常常和我讨论，说魏晋人的吃药和嗜酒，大抵别有作用的，他们表面上是破坏礼教，其实是拥护礼教的迂夫子。他那篇《魏晋风度及文章与药及酒之关系》（《而已集》），便是这部文学史的一部分。至于全集所载的《汉文学史纲要》乃是用作讲义，很简单的。

有人说鲁迅没有做长篇小说是件憾事。其实他是有三篇腹稿的，其中一篇曰《杨贵妃》。他对于唐明皇和杨贵妃的性格，对于盛唐的时代背景、地理、人体、宫室、服饰、饮食、乐器以及其他用具……统统考证研究得很详细，所以能够原原本本地指出坊间出版的《长恨歌画意》的内容的错误。他的写法，曾经对我说过，系起于明皇被刺的一刹那间，从此倒回上去，把他的生平一幕一幕似的映出来。他看穿明皇和贵妃两人间的爱情早就衰歇了，不然何以会有"七月七日长生殿"，两人密誓愿世世为夫妇的情形呢？在爱情浓烈的时候，哪里会想到来世呢？他的知人论世，总是比别人深刻一层。

鲁迅对我说："胡适之有考证癖，时有善言，但是对于《西游记》，却考证不出甚么。"我问孙悟空的来历是否出于印度的传说，他答道亦有可能，但在唐人传奇中，已可寻出其出处。李公佐的《古岳渎经》所谓禹"获淮涡水神名'无支祁'，善应对言语，辨江淮之浅深，原隰之远近。形若猿猴，缩鼻高额，青躯白首，金目雪牙，颈伸百尺，力逾九象，搏击腾踔疾奔，轻利倏忽，闻视不可久"即是。这件禹伏无支祁的故事，历经演化，宋时又传为僧伽降水母，又得吴承恩的描写，遂成为神通广大的孙悟空了。

鲁迅编《莽原》杂志和《国民新报副刊》时，曾经几度怂恿我去投稿，劝我多写杂文，不要矜持，但是我因行文拙钝，只投过几篇：《论面子》《论翻译之难》……而已。鲁迅则行文敏捷，可是上述的好多篇腹稿和未成稿，终于没有写出，赍志以殁了。其原因：（一）没有余暇。因为环境的艰困，社会政治的不良，自己为生活而奋斗以外，还要帮人家的忙，替别人编稿子，改稿子，绍介稿子，校对稿子，一天忙个不了。他从此发明了一种战斗文体——短评，短小精悍，有如匕首，攻击现实，篇篇是诗，越来越有光彩，共计有十余册，之外，再没有工夫来写长篇了，真是生在这个时代这个地方所无可奈何的！（二）没有助手，他全集二十大册，约六百万言，原稿都是用毛笔清清楚楚地手写的。此外，日记和书简，分量也很可观。浅见者说鲁迅的创作只有七大册，翻译多于创作，似乎还比不上外国文豪们的著作等身；殊不知照一个人的精力，时间和事务比例起来，是做不了这许多的。他们誊稿和写信，或许有书记助手可以代劳，但是鲁迅只有他自己一个人。

鲁迅的著作，国际间早已闻名了。记得一九二五年，他做了《自传》和《俄文译本〈阿Q正传〉序》，嘱我代写一份，因为译者王希礼要把它影印出来，登在译本的卷头。

他曾告诉我："瑞典人S托人来征询我的作品，要送给'管理诺贝尔文学奖金委员会'，S以为极有希望的，但是我辞谢了。我觉得中国实在还没有可得诺贝尔奖金的人，倘因为我是黄色人种，特别优待，从宽入选，反足以增长中国人的虚荣心，以为真可与别国媲美了，结果将很糟。……"这是何等谦光，又是何等远见！

他又告诉我："罗曼·罗兰读到敬隐渔的法译《阿Q正传》说道：'这部讽刺的写实作品是世界的，法国大革命时也有过阿Q，我永远忘记不了阿Q那副苦恼的面孔。'因之罗氏写了一封给我的信托创造社转致，而我并没收到。因为那时创造社对我笔战方酣，任意攻击，便把这封信抹煞了。……"鲁迅说罢一笑，我听了为之怃然。

一六　杂谈翻译

　　鲁迅自从办杂志《新生》的计划失败以后，不得已而努力译书，和其弟作人开始介绍欧洲新文艺，刊行《域外小说集》，相信这也可以转移性情，改造社会的。他们所译偏于东欧和北欧的文学，尤其是弱小民族的作品，因为他们富于挣扎、反抗、怒吼的精神。鲁迅所译安特来夫的《默》和《谩》，迦尔洵的《四日》，我曾将德文译本对照读过，觉得字字忠实，丝毫不苟，无任意增删之弊，实为译界开辟一个新时代的纪念碑，使我非常兴奋。其《序言》所云"第收录至审慎，迻译亦期勿失文情，异域文术新宗，自此始入华土"，这实在是诚信不欺之言。第一册出版以后，我承惠赠了好几册，但我还特地到东京寄售处购买一册，并且时时去察看，为的怕那里有不遵定价、额外需索的情形，所以亲去经验，居然画一不二，也就放心了。不过销路并不好，因为那时的读者，对于这样短篇新品，还缺少欣赏的能力和习惯。我那时正有回国之行，所以交给上海寄售处的书，就由我带去的。

鲁迅译厨川白村的《苦闷的象征》时，曾对我说："这是一部有独创力的文学论，既异于科学家似的玄虚，而且也并无一般文学论者的繁碎。作者在去年大地震里遭难了。我现在用直译法把它译出来。"我照例将原文对照一读，觉得鲁迅的直译工夫较前更进步了。虽说是直译的，却仍然极其条畅，真非大手笔不办。他深叹中国文法的简单，一个"的"字的用处，日本文有"の""處""的"等等，而中国文只有一个"的"字。于是创造出分别来："其中尤须声明的，是几处不用'的'字，而特用'底'字的缘故。即凡形容词与名词相连成一名词者，其间用'底'字，例如 Social being 为社会底存在物，Psychische Trauma 为精神底伤害等；又，形容词之由别种品词转来，语尾有 tive，tic 之类者，于下也用'底'字，例如 Speculative，romantic，就写为思索底，罗曼底。"本书中所引英诗的翻译，我曾效微劳，他在《引言》中还特别提到。

鲁迅译《小约翰》也是一部力作。本书的著者荷兰望·蔼覃（全集卷十四，题下，荷兰误作德国，全集卷一总目内没有错），本来是研究医学，具有广博的知识，青年著作家的精神的领袖，鲁迅的学力很有些和他相似，所以生平爱读这部象征写实的童话诗。有意把它译成中文，发愿很早，还在留学时代，而译成则在二十年以后。初稿系在北平中央公园的一间小屋内，和吾友齐寿山二人挥汗而作；整理则在翌年广州白云楼，那时我和他同住，目睹其在骄阳满室的壁下，伏案工作，手不停挥，真是矻矻孜孜，夜以继日。单是关于动植物的译名，就使他感到不少的困难，遍问朋友，花去很多的精力和时间，他书后附有《动植物译名小记》，可供参考。至于物名的翻译，则更难，因为它是象征，不便译音，必须意译，和文字的务欲近于直译已大相反。小鬼头 Wistik 之译作"将知"，科学研究的冷酷的精灵 Pleuzer 之作"穿凿"，小姑娘 Robinetta 之作"荣儿"都是几经斟酌才决定的。

至于鲁迅译果戈里的《死魂灵》，更是一件艰苦的奇功，不朽的绝笔。他受果戈里的影响最深，不是他的第一篇创作《狂人日记》，就和八十多年前，果戈里所写的篇名完全相同吗？"但后起的《狂人日记》意在暴露家族制度和礼教的弊害，却比果戈里的忧愤深广……"当鲁迅卧病的时候，我去访问，谈到这部译本，他告诉我："这番真弄得头昏眼花，筋疲力尽了。我一向以为译书比创作容易，至少可以无须构想，那里知道是难关重重！……"说着还在面孔上现出苦味。他在《"题未定"草（一）》有云：

　　……"苦"字上头。仔细一读，不错，写法的确不过平铺直叙，但到处是刺，有的明白，有的却隐藏，要感得到；虽然重译，也得竭力保存它的锋头。里面确没有电灯和汽车，然而十九世纪上半期的菜单，赌具，服装，也都是陌生家伙。这就势必至于字典不离手，冷汗不离身，一面也自然只好怪自己语学程度的不够格。

又在同题二有云：

动笔之前，就先得解决一个问题：竭力使它归化，还是尽量保存洋气呢？日本文的译者上田进君，是主张用前一法的。他以为讽刺作品的翻译，第一当求其易懂，愈易懂，效力也愈广大。所以他的译文，有时就化一句为数句，很近于解释。我的意见却两样的。只求易懂，不如创作，或者改作，将事改为中国事，人也化为中国人。如果还是翻译，那么，首先的目的，就在博览外国的作品，不但移情，也要益智，至少是知道何地何时，有这等事，和旅行外国，是很相像的！它必须有异国情调，就是所谓洋气。其实世界上也不会有完全归化的译文。倘有，就是貌合神离，从严辨别起来，它算不得翻译。凡是翻译，必须兼顾着两面，一当然力求其易解，一则保存着原作的丰姿，但这保存，却又常常和易懂相矛盾，看不惯了。不过它原是洋鬼子，当然谁也看不惯，为比较的顺眼起见，只能改换他的衣裳，却不该削低他的鼻子，剜掉他的眼睛。我是不主张削鼻剜眼的，所以有

些地方，仍然宁可译得不顺口。(《且介亭杂文二集·
"题未定"草》)

　　总之，鲁迅对于翻译的理论极其实际，都是成功的，开辟
了大道，培养的沃壤，使中国的新文艺得以着着上进，欣欣
向荣。

一七 西三条胡同住屋

　　鲁迅爱住北平，但是他的西三条胡同住屋，是出于不得已而经营的。他原来在一九一九年把绍兴东昌坊口的老屋和同住的本家公同售去以后，就在北平购得公用库八道湾大宅一所，特地回南去迎接母太夫人及全眷来住入，这宅子不但房间多，而且空地极大。鲁迅对我说过："我取其空地很宽大，宜于儿童的游玩。"我答："诚然，简直可以开运动会。"鲁迅那时并无子息，而其两弟作人和建人都有子女，他钟爱侄儿们，视同自己的所出，处处实行他的儿童本位的教育。《我们现在怎样做父亲》（全集卷一《坟》）文中所云："只能先从觉醒的人开手，各自解放了自己的孩子。自己背着因袭的重担，肩住了黑暗的闸门，放他们到宽阔光明的地方去……"这便是他的儿童教育的意见。他对于侄儿们的希望很大，很想为他们创造出一个最适宜于发育的环境，所谓"这正如地上的路，其实地上本没有路；走的人多了，也便成了路"（《呐喊·故乡》）。

　　鲁迅对于两弟非常友爱，因为居长，所有家务统由他自己一人主持，不忍去麻烦两弟。他对于作人的事，比自己的还要重要，不惜牺牲自己的名利统统来让给他，我在拙著《关于〈弟兄〉》一文已经提及。一九一七年，他和作人还同住在绍兴会馆的时候，北平正流行着传染病猩红热，作人忽然发高热了。这可真急坏了鲁迅，愁眉不展，四处借钱，为的要延医买药。后经德国医师狄普耳诊断，才知道不过是出疹子，于是他第二天到部，精神焕然地笑着对我说："起孟原来这么大了，竟还没有出过疹子，倘若母亲在此，不会使我这样着急了。"接着又述昨夜医师到来的迟缓，和他诊断病情的敏捷，但是我看见他的眼眶陷下，还没有恢复呢！又记得一九二一年，作人养疴在香山碧云寺，因为费用浩大，鲁迅又四处奔走，借贷应急，并且时常前往护视。

作人的妻羽太信子是有歇斯台里性的。她对于鲁迅，外貌恭顺，内怀忮忌，作人则心地糊涂，轻听妇人之言，不加体察。我虽竭力解释开导，竟无效果，致鲁迅不得已移居外客厅而他总不觉悟；鲁迅遣工役传言来谈，他又不出来；于是鲁迅又搬出而至砖塔胡同了。从此两人不和，成为参商，一变从前"兄弟怡怡"的情态。这是作人一生的大损失，倘使无此错误。始终得到慈兄的指导，何至于后来陷入迷途，洗也洗不清呢？

鲁迅搬出以后，就借钱购得西三条的房子，是一所小小的三开间的四合式。北屋的东间是母太夫人的房，西间是朱夫人的房。太夫人谈锋极健，思想有条理，曾用自修得到能够看书的学力。朱夫人是旧式的女子，结婚系出于太夫人的主张，因而"瑟琴异趣"，鲁迅曾对我说过："这是母亲给我的一件礼物，我只能好好地供养它，爱情是我所不知道的。"北屋的中间，后面接出一间房子去，鲁迅称它为"老虎尾巴"，乃是他的工作室，《彷徨》的全部以及其他许多的译著，皆写成于此。这老虎尾巴将永久成为我国国民的纪念室。它的北窗用玻璃，光线充足，望后园墙外，即见《野草》第一篇《秋夜》所谓"在我的后园，可以看见墙外有两株树，一株是枣树，还有一株也是枣树"。

南屋是他的藏书室。说起他的藏书室，我还记得作人和信子抗拒的一幕。这所小屋既成以后，他就独自个回到八道湾大宅取书籍去了。据说作人和信子大起恐慌，信子急忙打电话，唤救兵，欲假借外力以抗拒；作人则用一本书远远地掷入，鲁迅置之不理，专心检书。一忽儿外宾来了，正欲开口说话，鲁迅从容辞却，说这是家里的事，无烦外宾费心。到者也无话可说，只好退了。这在取回书籍的翌日，鲁迅说给我听的。我问他："你的书全部都已取出了吗？"他答道："未必。"我问他我所赠的《越缦堂日记》拿出了吗？他答道："不，被没收了。"

鲁迅毕竟是伟大的，他受了种种的诬蔑委屈，搬出了八道湾住宅，又生了一场病，对于作人和信子的事，日记上却一字不提。这是我在他死后数个月，为的要赶撰年谱，翻阅他的日记才知道的。

一八　女师大风潮

　　一九二五年春间，北京女子师范大学有反对校长杨荫榆事件。杨校长便不到校，后来任意将学生自治会职员六人除名，并且引警察及打手蜂拥入校，学生们不服。迨教育总长章士钊复出，遂有非法解散学校的事，并且命司长刘百昭，雇用流氓女丐殴曳学生们出校。女师大的许多教职员，本极以章杨二人的措置为非，复痛学生的无端失学，遂有校务维持会的组织。鲁迅本是女师大的讲师，所以成为该会的委员之一，而章士钊视作眼中钉，竟倒填日子，将他的教育部金事职违法免去了。

　　我因为和杨荫榆校长是前后任的关系，对于这次风潮，先是取旁观态度，绝不愿意与闻的。待到章士钊无端把鲁迅免职，我不能熟视无睹了。既恶其倒填日子，暗暗免部员之职，又恶其解散学校呈文中，叠用轻薄字句来诬蔑女性，才和齐寿山（教育部视学）二人发表宣言，指斥其非，并且正式送给他一张以观其变，于是他也把我们二人免职了。宣言全文如下：

反对教育总长章士钊之宣言

署教育总长章士钊，本一轻薄小才，江湖游士，偶会机缘，得跻上位。于是顿忘本来，恣为夸言，自诩不羁，盛称饱学，第以仅有患得患失之心，遂辄现狐埋狐掘之态。自五七风潮之后，即阳言辞职，足迹不见于官署者数月，而又阴持部务，画诺私家，潜构密谋，毁灭学校，与前女子师范大学校长杨荫榆相联结，驯致八月一日以武装警察解散该女子师范大学之变。案学生所陈，仅在恳请当局，撤换校长，冀学业稍有进步而已。倘使处以公心，本不致酿成事故。而章士钊与杨荫榆朋比固位，利己营私，必使成解散之局，于停办该大学呈文中，尚腼然自饰，谓先未实行负责，后令妥善办理。且叠用佻达字句，诬蔑女性，与外间匪人所造作之谣诼相应和。而于滥用警士，殴击学生等激变之故，则一字不提。是不特蔽亏国人视听之明，实大淆天下是非之辨。近复加厉，暴行及于部中。本月十三日突将佥事周树人免职，事前既未使次长司长闻知，后又不将呈文正式宣布，秘密行事，如纵横家，群情骇然，以为妖异。周君自民国元年由南京政府北来供职，十有四年，谨慎将事，百无旷

废；徒以又为该大学兼任教员，于学校内情，知之较
审，曾与其他教员发表宣言，声明杨荫榆开除学生之
谬。而章杨相比，亦樱彼怒，遂假威权，泄其私愤。
昔者以杨荫榆之党己也，不惜解散学校，荒数百人之
学业以徇之；今以周君之异己也，又不惜秘密发纵以
除去之。视部员如家奴，以私意为进退，虽在专制时
代，黑暗当不至是。此其毁坏法律，率意妄行，即世
之至无忌惮者亦不能加于此矣。最近则又称改办女子
大学，即以唉警毁校自夸善打之刘百昭为筹备处长，
以掩人耳目。举蹂躏学校之人，任筹备学校之重，虽
曰报功，宁非儿戏。旋又率警围校，且雇百余无赖女
流，闯入宿舍，殴逐女生，惨酷备至，哭声盈于道
涂，路人见而太息，以为将不敢有子女入此虎狼之窟
者矣。况大队警察，用之不已，是直以枪剑为身教之
资，隶教部于警署之下，自开国以来，盖未见有教育
当局而下劣荒谬暴戾恣睢至于此极者也。寿裳等自民
元到部，迄于今兹，分外之事，未尝论及。今则道揆
沦丧，政令倒行，虽在部中，义难合作，自此章士钊
一日不去，即一日不到部，以明素心而彰公道。谨此
宣言。

我们对于章士钊的这些举动，认为无理可喻，故意不辞

职，而等他来免职，也不愿向段祺瑞政府说理，所以发布这个宣言。鲁迅对于章士钊，也视若无物，后来之所以在平政院提起诉讼，还是受了朋友们的怂恿而才做的，结果是得到胜诉。

女师大被非法解散以后，便在宗帽胡同自赁校舍，重新开学，教员们全体义务授课，我也是其中之一，师生们共同克苦支持。如是者三月，女师大就复校了。章士钊解散学校之外，还有那些主张读经，反对白话等等玩意儿，鲁迅都一一辞而避之。关于他的排斥白话，我和鲁迅都笑他日暮途穷，所做的文言文并不高明，连庄子中"每下愈况"的成语（况，甚也），都用不清楚；单就他那《停办北京女子师范大学呈文》中所云"钊念儿女乃家家所有，良用痛心，为政而人人悦之，亦无是理"这几句骈文，也比不上何栻《齐姜醉遣晋公子赋》的"公子固翩翩绝世，未免有情，少年而碌碌因人，安能成事"。这些谈资都为鲁迅所采用，文见《华盖集·答 SK 君》。至于章士钊的主张读经，也是别有用意，明知道读经是不足以救国的，不过耍耍把戏，将人们看作笨牛罢了。鲁迅有一文《十四年的"读经"》（《华盖集》），揭发得很透彻，摘录一二段如下：

　　……我看不见读经之徒的良心怎样，但我觉得他们大抵是聪明人，而这聪明、就是从读经和古文得来的。我们这曾经文明过而后来奉迎过蒙古人满洲人大驾了的国度里，古书实在太多，倘不是笨牛，读一点就可以知道，怎样敷衍，偷生，献媚，弄权，自私，然而能够假借大义，窃取美名。再进一步，并可以悟出中国人是健忘的，无论怎样言行不符，名实不副，前后矛盾，撒谎造谣，蝇营狗苟，都不要紧，经过若干时候，自然被忘得干干净净；只要留下一点卫道模样的文字，将来仍不失为"正人君子"。……

古国的灭亡，就因为大部分的组织被太多的古习惯教养得硬化了，不再能够转移，来适应新环境。若干分子又被太多的坏经验教养得聪明了，于是变性，知道在硬化的社会里，不妨妄行。单是妄行的是可与论议的，故意妄行的却无须再与谈理。……

一九 三一八惨案

一九二六年三月十八日，北京发生最黑暗最凶残的事件：段祺瑞政府使卫兵用步枪大刀，在国务院门前包围虐杀了徒手请愿意在援助外交的市民和学生，死伤至三百余人之多。还要下令，诬之曰"暴徒"！女师大学生当场遇害者二人：刘和珍和杨德群。受伤者六七人。这天下午我（二天以前才辞去教务长兼职）偶然跑到学校去看看，忽听得这个噩耗，并且遇着受伤同学的逃回，便立刻拉着新任教务长林语堂同车赶往国务院察看。到时，栅门已闭，尚留一条缝容许出入，只见尸体纵横枕藉，鲜血满地，是一个最阴惨的人间地狱！刘和珍的尸骸已经放入一具薄棺之中了。并排的还有好几具，都是女子的。

刘和珍面目如生，额际尚有微温。我瞥见毛医师正在门外人群中，急忙请他进来诊视，那知道心脏早停，已经没有希望了。又听得还有许多许多的受伤者在医院里，赶紧往视，则待诊室内满是尸体，这些该是当初还没有死，抬到医院——或没有抬到，途中便已气绝了罢！杨德群的尸骸，放在一张板桌上，下半身拖落在旁。呜呼！惊心动魄，言语道断，我不忍再看了！我一向不赞成什么请愿，绝对不参加什么开会游行，然亦万料不到会有如此喋血京师的惨事！

从这天起，我竟夜不成寐，眼睛一闭，这场地狱便出现，如是者继续至十余天才止，这是因时光的流驶才把苦痛和血痕渐渐冲淡了罢。鲁迅关于这事，有云："这不是一件事的结束，是一件事的开头。墨写的谎说，决掩不住血写的事实。血债必须用同物偿还。拖欠得愈久，就要付更大的利息！"又云："实弹打出来的却是青年的血。血不但不掩于墨写的谎语，不醉于墨写的挽歌；威力也压它不住，因为它已经骗不过，打不死了。"（《华盖集续编·无花的蔷薇》）

同书里，鲁迅又有一篇《纪念刘和珍君》，那是情文并茂、感人最烈的伟大的抒情文，现在摘录一二段如下：

真的猛士，敢于直面惨淡的人生，敢于正视淋漓的鲜血，这是怎样的哀痛者和幸福者？然而造化又常常为庸人设计，以时间的流驶，来洗涤旧迹，仅使一下淡红的血色和微漠的悲哀。在这淡红的血色和微漠的悲哀中，又给人暂得偷生，维持着这似人非人的世界。我不知道这样的世界何时得一个尽头！

……

我没有亲见；听说，她，刘和珍君，那时是欣然前往的。自然，请愿而已，稍有人心者，谁也不会料到有这样的罗网。但竟在执政府前中弹了，从背部入，斜穿心肺，已致命的创伤，只是没有便死。同去的张静淑君，想扶起她，中了四弹，其一是手枪，立仆；同去的杨德群君又想去扶起她，也被击，弹从左肩入，穿胸偏右出，也立仆。但她还能坐起来，一个兵在她头部及胸部猛击两棍，于是死掉了。

……

我目睹中国女子的办事，是始于去年时，虽然是少数，但看那干练坚决，百折不回的气概，曾经屡次为之感叹。至于这一回在弹雨中互相救助，虽殒身不恤的事实，则更足为中国女子的勇毅，虽遭阴谋秘计，压抑至数千年，而终于没有消亡的明证了。倘要寻求这一次死伤者对于将来的意义，意义就在此罢。

苟活者在淡红的血色中，会依稀看见微茫的希望；真的猛士，将更奋然而前行。(《华盖集续编》)

惨案发生以后，便有通缉五个所谓"暴徒首领"之令，按着又有要通缉五十人——其实名单上只四十八人——的传说，我和鲁迅均列名在内。鲁迅有一篇《大衍发微》(《而已集》附录)，把名单全部的籍贯职务调查得相当清楚，尤其把要捉的原因探究分析得很详细。齐寿山很为我们担忧，热心奔走，预先接洽了临时避居的地方，对我们说："一有消息，就来报告，务必暂时离家。"果然，有一天下午，寿山来电话，说："张作霖的前头部队已经到高桥了，请立刻和鲁迅避入 D 医院，一切向看护长接洽就得。"我就立刻去通知鲁迅，于是同时逃入了。

D 医院中，一间破旧什物的堆积房是我和鲁迅及其他相识者十余人聚居之所，夜晚在水门汀地面上睡觉，白天用面包和罐头食品充饥。——也有人住六国饭店和法国医院的。我住了十天光景，便移居病室，医师来诊，则告以无病，遂一笑而去。鲁迅亦然，但在这样流离颠沛之中，还是写作不止呢？

二〇　广州同住

　　同年八月底，鲁迅离开北京，至厦门大学教书去了。临行，我表示亦将离京谋事，托他随时为我留意，因为，我和他及寿山三人的教育部职务虽已恢复，总觉得鸡肋无味。他极以为然，所以对于我之所托，非常关心，视同己事，《两地书》中时时提到，至十几次之多，如云："玉堂在此似乎也不大顺手，所以上遂的事竟无法开口。"（书四二）又云："上遂的事则至今尚无消息，不知何故。我同兼士曾合写一信，又托伏园面说，又写一信，都无回音，其实上遂的办事能力，比我高得多。"（书八一）又云："上遂南归，杳无消息，真是奇怪，所以他的事情也无从计画。"（书九六）

　　到了十二月底，他知道了我的事容易设法，就接连的来信通知，现录一通如下：

　　季市兄：

　　　昨寄一函，已达否？此间甚无聊，所谓国学院者，虚有其名，不求实际。而景宋故乡之大学，催我去甚亟。聘书且是正教授，似属望甚切，因此不能不勉力一行，现拟至迟于一月底前往，速则月初。伏园已去，但在彼不久住，仍须他往。昨得其来信，言兄教书事早说妥，所以未发聘书者，乃在专等我去之后，接洽一次也。现在因审慎，聘定之教员似尚甚少云。信到后请告我最便之通信处，来信寄此不妨，即我他去，亦有友人收转也。此布。

即颂

曼福。

树人上。十二月廿九日

鲁迅到广州中山大学后，就接连来信催我前往，略说兄之聘书已在我处，月薪若干，此间生活费月需约若干，所教功课，现尚无从说起，因为一切尚无头绪，总之此校的程度是并不高深的。开学是三月二日，但望兄见信即来，可以较为从容，谈谈。从沪开来之轮船如何如何。唐餐间胜于官舱，价约若干……他的指示很周到，使我感激不可以言宣，真是所谓"穷途仗友生！"这几封催我前往的信，我因为在抗战那年，检入行箧中，老是携带着，前年在重庆写了一篇《鲁迅的几封信》，把它发表，作为他逝世九周年的一点纪念，所以这里不再抄引了。

　　我航海既到广州，便在逆旅中，遣使送信去通知鲁迅。使者回，说人不在家。到了第二天的下午，景宋见访，始知鲁迅才从香港讲演回来，因足受伤，不良于行，教她来接我至校同住。那时候，他住在中山大学的最中央而最高最大的一间屋——通称"大钟楼"，相见忻然。书桌和床铺，我的和他的占了屋内对角线的两端。这晚上，他邀我到东堤去晚酌，肴馔很上等甘洁。次日又到另一处去小酌，我要付账，他坚持不可，说先由他付过十次再说。从此，每日吃馆子，看电影，星期日则远足旅行，如是者十余日，豪兴才稍疲。后来，开学期近了，他是教授兼教务主任，忙于开会议，举行补考，核算分数，接见种种学生，和他们辩论种种问题，觉得日不暇给，豪兴更减了。

　　我对于广州的印象，因为是初到，一切觉得都很新鲜，便问他的印象如何。他答道：革命策源地现在成为革命的后方了，还不免是灰色的。我听了很受感动。又问他在香港讲演的题目是什么，反应是怎样。他答道："香港这殖民地是极不自由的，我的讲演受到种种阻碍，题目是《老调子已经唱完》《无声的中国》，有人想把我的讲稿登载报上，可是被禁止了。"

　　这间大钟楼是大而无当，夜里有十几匹头大如猫的老鼠赛跑，清早有懒不做事的工友们在门外高唱，我和鲁迅合居其间，我喜欢早眠早起，而鲁迅不然，各行其事，两不相妨，因为这间楼房的对角线实在来得长。晚餐后，鲁迅的方面每有来客络绎不绝，大抵至十一时才散。客散以后，鲁迅才开始写作，有时至于彻夜通宵，我已经起床了，见他还在灯下伏案挥毫，《铸剑》等篇便是这样写成的。有一天，傅孟真（其时为文学院长）来谈，说及顾某可来任教，鲁迅听了就勃然大怒，说道："他来，我就走。"态度异常坚决。

后来搬出学校，租了白云楼的一组，我和鲁迅、景宋三人合居。地甚清静，远望青山，前临小港，方以为课余可以有读书的环境了。那知道感触之来，令人窒息，所谓"抱着梦幻而来，一遇实际，便被从梦境放逐了，不过剩下些索寞"。清党事起，学生被捕者不少，鲁迅出席各主任紧急会议，归来一语不发，我料想他快要辞职了，一问，知道营救无效。不久，他果然辞职，我也跟着辞职。他时常提起，有某人瘦小精悍，头脑清晰，常常来谈天的，而今不来了。鲁迅从此潜心写作，不怕炎热的阳光侵入住室到大半间，仍然手不停挥：修订和重抄《小约翰》的译稿，编订《朝华夕拾》，作后记，绘插图，又编录《唐宋传奇集》。十月回至上海。自去年秋，出北京，中经厦门，广州，至此仅一年，他的生活是不安的，遭遇是创痛的。

二一　上海生活——前五年

（一九二七——一九三一）

　　鲁迅自一九二七年回上海，至一九三六年逝世，这十年间，国难的严重日甚一日，因之，生活愈见不安，遭遇更加惨痛，环境的恶劣实非通常人所能堪，他的战斗精神却是再接再厉，对于帝国主义的不断侵略，国内政治的不上轨道，社会上封建余毒的弥漫，一切荒淫无耻的反动势力的猖獗，中国文坛上的浅薄虚伪，一点也不肯放松，于是身在围剿禁锢之中，为整个中华民族的解放和进步，苦战到底，决不屈服。从此在著译两方面，加倍努力，创作方面除历史小说《故事新编》，通讯《两地书》（与景宋合著）等以外，特别着重前所发明的一种战斗文体——短评，杂文——来完成他的战斗任务。翻译方面则有文艺理论、长篇小说、短篇小说、童话等。他又介绍新旧的"木刻"，提倡"新文字"，赞助"世界语"。同时他在行动上，又参加了三"盟"，即"自由运动大同盟""左翼作家联盟"及"民权保障同盟会"。总之，他是不朽的作家，文化的导师，正义的斗士，中华民族的灵魂。

这十年间，我因为在南京和北平服务，虽不能常常晤见鲁迅，但每次道经上海，必定往访，所以每年至少有十余次的会见，最后两年晤面较稀，但每年亦至少四五次。他初回上海，即不愿教书，我顺便告知蔡子民先生，即由蔡先生聘为大学院特约著作员，与李审言同时发表。

一九二九年九月，景宋夫人产生一个男孩，名日"海婴"。我知道了很欣喜，立刻要求鲁迅赶快领我到医院去道贺，我说：你俩本来太寂寞，现在有了"宁馨儿"可以得到安慰了。不料其未满八岁，鲁迅便去世，不及见其成立啊！海婴生性活泼，鲁迅曾对我说："这小孩非常淘气，有时弄得我头昏，他竟问我：'爸爸可不可以吃的？'我答：'要吃也可以，自然是不吃的好。'"我听了一笑，说他正在幻想大盛的时期，而本性又是带神经质的。鲁迅颇首肯，后来他作《答客诮》一诗，写出爱怜的情绪云：

> 无情未必真豪杰，怜子如何不丈夫。
>
> 知否兴风狂啸者，回眸时看小于菟。

一九三〇年春，鲁迅被浙江省党部呈请通缉，其罪名日"反动文人"，其理由日"自由大同盟"，说来自然滑稽，但也很可痛心。那时，浙江省党部有某氏主持其事，别有用意，所谓"罪名""理由"，都是表面文章，其真因则远在编辑刊物。

当鲁迅初到上海，主编《语丝》的时候，有署名某某的青年，投稿揭发他的大学的黑幕，意在促使反省，鲁迅就把它登出来了。这反响可真大，原来某氏是该大学毕业生，挟嫌于心，为时已久，今既有"自由大同盟"可作题目，借故追因，呈请通缉，而且批准。

鲁迅曾把这事的经过，详细地对我说过："自由大同盟并不是由我发起，当初只是请我去演说，按时前往，则来宾签名者已有一人（记得是郁达夫君），演说次序是我第一，郁第二，我待郁讲完，便先告归。后来闻当场有人提议要有甚么组织，凡今天到会者均作为发起人，追次日报上发表，则变成我第一名了。"鲁迅又说："浙江省党部颇有我的熟人，他们倘来问我一声，我可以告知原委。今竟突然出此手段，那么我用硬功对付，决不声明，就算由我发起好了……"这愤慨是无怪的。

鲁迅又常常说："我所抨击的是社会上的种种黑暗，不是专对国民党，这黑暗的根源，有远在一二千年前的，也有在几百年，几十年前的，不过国民党执政以来，还没有把它根绝罢了。现在他们不许我开口，好像他们决计要包庇上下几千年一切黑暗了。"

同年三月，鲁迅参加"左翼作家联盟"的成立会，这是一件极重要的事情。为什么"左翼作家联盟"到这时候才成立呢？因为鲁迅已经首先输入了蒲力汗诺夫、卢那卡尔斯基的理论，给大家能够互相切磋，更加坚实而有力。这些译书的影响确是很大，从此内讧停止，开始深入的发展，形成崭新的阵营。在"左联"成立之先，鲁迅常对我说："骂我的人虽然很多，但是议论大都是不中肯的。骂来骂去骂不出所以然来，真是无聊。"现摘引一段如下：

从前年以来，对于我个人的攻击是多极了，每一种刊物上，大抵总要看见"鲁迅"的名字，而作者的口吻，则粗粗一看大抵好像革命文学家。但我看了几篇，竟逐渐觉得废话太多了。解剖刀既不中腠理。子弹所击之处，也不是致命伤。……我于是想，可供参考的这样的理论，是太少了，所以大家有些糊涂。对于敌人，解剖，咬嚼，现在是在所不免的，不过有一本解剖学，有一本烹饪法，依法办理，则构造味道，总还可以较为清楚，有味。人往往以神话中的 Proemetheus 比革命者，以为窃火给人，虽遭天帝之虐待不悔，其博大坚忍正相同。但我从别国里窃得火来，本意却在煮自己的肉的，以为倘能味道较好，庶几在咬嚼者那一面也得到较多的好处，我也不枉费了身躯：出发点全是个人主义，并且还夹杂着小市民性的奢华，以及慢慢地摸出解剖刀来，反而刺进解剖者的心脏里去的"报复"。梁（实秋）先生说："他们要报复！"其实岂只"他们"，这样的人在"封建余孽"中也很有的。然而，我也愿于社会有些用处，看客所见的结果仍是火和光。这样，首先开手的就是"文艺政策"，因为其中含有各派的议论。（《二心集·"硬译"与"文学的阶级性"》）

在"左联"成立时，鲁迅发表演说，首则警戒"左翼"作家是很容易成为"右翼作家"的。继则提出今后应注意的几点："第一，对于旧社会和旧势力的斗争，必须坚决，持久不断，而且注重实力。……第二，我以为战线应该扩大。……第三，我们应当造出大群的新的战士。……同时，在文学战线上的人还要'韧'。"（《二心集·对于左翼作家联盟的意见》）

从此"左联"成为中国新文艺界的主力，一直发展下去，而鲁迅则成为其领导者。

一九三一年一月，因柔石等被捕，谣传鲁迅也被拘或已死了。大报上虽没有记载，小报上却言之凿凿。我正在忧疑焦急，而他的亲笔邮信忽然到了，知道他已经出走，这才使我放心。信中体裁和以前的大不相同，不加句读，避掉真名而用"索士"和"令斐"，这是同一个人，我素所知悉的。且以换住医院，代替出走。原信录如下：

季黻吾兄左右昨至宝隆医院看索士兄病则已不在院中据云大约改入别一病院而不知其名拟访其弟询之

当知详细但尚未暇也近日浙江亲友有传其病笃或已死者恐即因出院之故恐兄亦闻此讹言为之黯然故特此奉白此布即请

道安

弟令斐顿首　一月二十一日

　　至于谣传被拘的原因是这样的，鲁迅告诉我："因为柔石答应了去做某书店的杂志编辑，书店想印我的译著，托他来问版税的办法，我为要他省掉多跑一趟路，便将我和北新书局所订的合同，钞了盖印交给他，临别时我看他向大衣袋里一塞，匆匆地去了。不料翌日就被捕，衣袋里还藏着我那盖印的合同，听说官厅因此正在找寻我，这是谣传我被拘的原因。"柔石原名平复，姓赵，浙江宁海县人，创作之外，致力于绍介外国文艺，尤其是北欧东欧的文学与版画。被捕后二十日，秘密枪决（参阅《二心集·柔石小传》）。鲁迅更有一篇《为了忘却的纪念》（《南腔北调集》），写得真挚沉痛，中有一诗如下：

　　　　　惯于长夜过春时，挈妇将雏鬓有丝。

　　　　　梦里依稀慈母泪，城头变幻大王旗。

　　　　　忍看朋辈成新鬼，怒向刀丛觅小诗。

　　　　　吟罢低眉无写处，月光如水照缁衣。

他对我解释道："那时我确无写处的，身上穿着一件黑色袍子，所以有'缁衣'之称。"同时他又写给我看许多首旧作。这诗中"刀丛"二字，他后来写给我的是作"刀边"。

鲁迅说：同是青年而不可以一概论，志行薄弱者或则投书告密，或则助官捕人。别国的硬汉为什么比中国多？是因为别国的淫刑不及中国的缘故。中国也有好青年，至死不屈者常常有之，但皆秘不发表。其不能熬刑至死者，就非卖友不可，非贩人命以自肥不可。所以坚卓者壮烈而先亡，游移者偷生而堕落。

鲁迅是大仁，他最能够感到别人的精神上的痛苦，尤其能够感到暗暗的死者的惨苦。他说："造化生人，已经非常巧妙，使一个人不会感到别人的肉体上的痛苦了，我们的圣人和圣人之徒却又补了造化之缺，并且使人们不再会感到别人的精神上的痛苦。"他又说："我每当朋友或学生的死，倘不知时日，不知地点，不知死法，总比知道的更悲哀和不安；由此推想那一边，在暗室中毕命于几个屠夫的手里，也一定比当众而死的更寂寞。……我先前读但丁的《神曲》，到《地狱》篇，就惊异于这作者设想的残酷，但到现在，阅历加多，才知道还是仁厚的了：他还没有想出一个现在已极平常的惨苦到谁也看不见的地狱来。"他说话时的神情，悲悯沉痛，至今还使我不能忘记。

二二　上海生活——后五年

（一九三二——一九三六）

一九三一年九月十八日，万恶的日本军陷沈阳，攻下吉林，又破黑龙江，关东三省皆陷。翌年一月，又以海军陆战队窥上海，二十八日夕敌突犯闸北，我第十九路军总指挥蒋光鼐、军长蔡廷锴率所部迎击，神圣的抗战遂起。我挂念鲁迅的寓所正是在火线中，乔峰的也是如此，无法通讯，不知其如何脱离虎口，不得已电讯陈子英，子英即登报寻觅，于是鲁迅知道了，立刻给我一信如下：

季市兄：

　　因昨闻子英登报招寻，访之，始知兄曾电询下落。此次事变，殊出意料之外，以致突陷火线中，血刃塞涂，飞丸入室，真有命在旦夕之概。于二月六日，始得内山君设法，携妇孺走入英租界，书物虽一无取携，而大小幸无恙，可以告慰也。现暂寓其支店中，亦非久计，但尚未定迁至何处。倘赐信，可由

"四马路杏花楼下，北新书局转"耳。此颂

曼福。

弟树顿首　二月二十二日

乔峰亦无恙，并闻。

我又挂念他虽已逃出了，或许寓屋被毁，书物荡然，又挂念他此后的行踪，所以接连通讯，兹摘录其来信数通如下：

季市兄：

顷得二月二十六日来信，谨悉种种。旧寓至今日止，闻共中四弹，但未贯通，故书物俱无恙，且亦未遭劫掠。以此之故，遂暂蜷伏于书店楼上，冀不久可以复返，盖重营新寓，为事甚烦，屋少费巨，殊非目下之力所能堪任。倘旧寓终成灰烬，则拟挈眷北上，不复居沪上矣。

被裁之事，先已得教部通知，蔡先生如是为之设法，实深感激。惟数年以来，绝无成绩，所辑书籍，迄未印行，近方图自印《嵇康集》，清本略就，而又突陷兵火之内，存佚盖不可知。教部付之淘汰之列，固非不当，受命之日，没齿无怨。现北新书局尚能付少许版税，足以维持，希释念为幸。

今所恳望者，惟舍弟乔峰在商务印书馆作馆员十年，虽无赫赫之勋，而治事甚勤，始终如一，商务馆被燬后，与一切人员，俱被停职，素无储积，生活为难，商务馆虽云人员全部解约，但现在当必尚有蝉联，而将来且必仍有续聘，可否乞兄转薪蔡先生代为设法，俾有一栖身之处，即他处他事，亦甚愿服务也。

钦文之事，在一星期前，闻虽眷属亦不准接见，而死者之姊，且控其谋财害命，殊可笑，但近来不闻新消息，恐尚未获自由耳。

匆复，即颂

曼福。

弟树启上三月二日

乔峰广平坿笔致候。

信中所云被裁之事，即指特约著作员的薪水。

季市兄：

快函已奉到。诸事至感。在漂流中，海婴忽生疹子，因于前日急迁至大江南饭店，冀稍得温暖，现视其经过颇良好，希释念。昨去一视旧寓，除震破五六块玻璃及有一二弹孔外，殊无所损失。水电瓦斯，亦已修复，故拟于二十左右，回去居住。但一过四川路桥，诸店无一开张者，入北四川路，则市廛家屋，或为火焚，或为炮毁，颇荒漠，行人亦复寥寥。如此情形，一时必难恢复，则是否适于居住，殊属问题。我虽不惮荒凉，但若购买食物，须奔波数里，则亦居大不易耳。总之，姑且一试，倘不可耐，当另作计较，或北归，或在英法租界另觅居屋，时局略定，租金亦想可较廉也。乔峰寓为炸弹毁去一半，但未遭劫掠，故所失不多，幸人早避去，否则，死矣。此上，即颂曼福。

树启上　三月十五日

季市兄：

　　近来租界附近已渐平静，电车亦俱开通，故我已于前日仍回旧寓，门墙虽有弹孔，而内容无损。但鼠窃则已于不知何时惠临，取去妇孺衣被及厨下什物二十余事，可值七十元，属于我个人者，则仅取洋伞一柄。一切书籍，岿然俱存，且似未尝略一翻动，此固甚可喜，然亦足见文章之不值钱矣。要之，与闸北诸家较，我寓几可以算作并无损失耳。今路上虽已见中国行人，而迁去者众，故市廛未开，商贩不至，状颇荒凉，得食物亦颇费事。本拟往北京一行，居留一二月，怯于旅费之巨，故且作罢。暂在旧寓试住，倘不大便，当再图迁徙也。在流徙之际，海婴忽染痧子，因居旅馆一星期，贪其有汽炉耳。而炉中并无汽，屋冷如前寓而费钱却多。但海婴则居然如居暖室，痧状甚良好，至十八日而痊愈，颇顽健。始知备汽炉而不烧，盖亦大有益于卫生也。钦文似尚不能保释，闻近又发见被害者之日记若干册，法官当一一细读，此一细读，正不知何时读完，其累钦文甚矣。回寓后不复能常往北新，而北新亦不见得有人来，转信殊多延误，此后赐示，似不如由内山书店转也。此上，即颂曼福。

迅启上　三月二十一夜

此后，关于寓屋及闸北被毁的情状尚有数信见告，兹从略。

一九三三年，"民权保障同盟会"成立，举蔡先生、孙夫人为正副会长，鲁迅和杨杏佛、林语堂等为执行委员。六月，杏佛被刺，时盛传鲁迅亦将不免之说。他对我说，实在应该去送殓的。我想了一想，答道："那么我们同去。"是日大雨，鲁迅送殓回去，成诗一首：

> 岂有豪情似旧时，花开花落两由之。
>
> 何期泪洒江南雨，又为斯民哭健儿。

这首诗才气纵横，富于新意，无异龚自珍。是日语堂没有到，鲁迅事后对我说："语堂太小心了。"记得鲁迅刚由广州回上海不久，语堂在《中国评论周报》发表一文"Lusin"当然深致赞扬，尤其对于他在广州讲演魏晋风度，称其善于应变。有一天，我和鲁迅谈及，鲁迅笑着说："语堂我有点讨厌，总是尖头把戏的。"后来，语堂谈小品文而至于无聊时，鲁迅曾写信去忠告，劝其翻译英文名著，语堂不能接受，竟答说这些事等到老时再说。鲁迅写信给我说："语堂为提倡语录体，在此几成众矢之的，然此公亦诚太浅陋也。"

是年四月，鲁迅迁居北四川路大陆新村九号，来信说："……光线较旧寓为佳，此次过沪，望见访，并乞以新址转函铭之为荷。"他住在这里一直住到死，这是后人应该永远纪念的地方。

近年来，鲁迅因受禁锢，文章没有地方可以发表，虽则屡易笔名，而仍被检查者抽去，或大遭删削。鲁迅说："别国的检查不过是删去，这里却是给作者改文章。那些人物，原是做不成作家，这才改行做官的，现在他却来改文章了，你想被改者冤枉不冤枉。即使在删削的时候，也是删而又删，有时竟像讲昏话，使人看不懂。"

鲁迅有时也感到寂寞，对我详述独战的悲哀，一切人的靠不住。我默然寄以同情，但我看他的自信力很强，肯硬着头皮苦干。我便鼓励着说："这是无足怪的，你的诗'两间余一卒，荷戟独彷徨'，已经成为两间余一卒，挺戟独冲锋了。"相与一笑。

鲁迅说："章先生著《学弊论》所谓'凡学者贵其攻苦食淡，然后能任艰难之事而德操亦固'。这话诚然不错，然其欲使学子勿慕远西物用之美，而安守其固有之野与拙，则是做不到的。因为穷不是好事，必须振拔的。"

鲁迅的《中国小说史略》，日本的大学多用为教本，所以有增田涉的译本。其工作颇诚恳不苟，开译之前，特地来上海，亲就鲁迅寓所听其讲解，每日约费三小时，如是者好几个月。回国后，即整理笔记，开始翻译，有疑难时，则复以通讯请益，凡二年而始脱稿。印刷装订，均极华美。出版后，增田氏以两册赠鲁迅，鲁迅即以一册题字赠我，并且笑着说："我的著作在自己本国里，还没有这样阔气装潢过的。"

鲁迅一生做事最大目标是为大众，为将来。故于大众艺术和大众语文，晚年最所致力。

（一）大众艺术，可以他的提倡木刻为代表。他不但创办木刻讲习会，自己担任口译，不但广搜现代欧洲的名作，开会展览，连我国古书中的木刻，有可给青年学子做参考材料的，也竭力搜罗善本而印行之，例如陈老莲的《博古叶子》，他写信给我说："有周子竞先生名仁，兄识其人否？因我们拟印陈老莲插画集，而《博古叶子》无佳本，蟫隐庐有石印本，然其底本甚劣。郑君振铎言曾见周先生藏有此书原刻，极想设法借照，郑重处理，负责归还。兄如识周先生，能为一商洽否？"我因为子竟在上海，便函托蔡先生就近商借。又鲁迅对于青年木刻家，一方面鼓励，一方面予以不客气的批评，《鲁迅书简》中关于讨论木刻的很多，例如给李桦的诸信，言之甚详。

（二）大众语文，鲁迅发表了许多篇，如《汉字和拉丁化》《门外文谈》《中国语文的新生》《关于新文字》和《论新文字》。现在摘引一段如下：

现在写一点我的简单的意见在这里：

一、汉字和大众，是势不两立的。

二、所以，要推行大众语文，必须用罗马字拼音（即拉丁化，现在有人分为两件事，我不懂是怎么一回事），而且要分为多少区……

三、普及拉丁化，要在大众自掌教育的时候。现在我们所办得到的是：（甲）研究拉丁化法；（乙）试用广东语之类，读者较多的言语，做出东西来看；（丙）竭力将白话做得浅豁，使能懂的人增多，但精密的所谓青年木刻家，仍应支持……

四、在乡僻处启蒙的大众语，固然应该纯用方言，但一面仍然要改进。……

五、至于已有大众语雏形的地方，我以为大可以依此为根据而加以改进，太僻的士语是不必用

的。……（《且介亭杂文·答曹聚仁先生信》）

至于鲁迅的为将来，可以他的儿童教育问题为代表。"救救孩子"这句话是他一生的狮子吼，自从他的《狂人日记》的末句起，中间像《野草》的《风筝》说儿童的精神虐杀，直到临死前，愤于《申报·儿童专刊》的谬说，作《立此存照（七）》有云："真的要'救救孩子'。"（《且介亭杂文末编》附集）他的事业目标都注于此。在他的《二十四孝图》中说："诅咒一切反对白话，妨害白话者。"就是为的儿童的读物。

在他的《我们现在怎样做父亲》中有云："自己背着因袭的重担……此后幸福的度日，合理的做人。"因之对于儿童读物，费了不少心血，他的创作不待言，他的译品就有多篇是童话，例如《表》（全集第十四册）的译本，真是又新鲜，又有益。"为了新的孩子们，是一定要给他新作品，使他向着变化不停的新世界，不断的发荣滋长的。""十来年前，叶绍钧先生的《稻草人》是给中国的童话开了一条自己创作的路的。不料此后不但并无蜕变，而且也没有人追踪，倒是拼命的在向后转。……"（《表·译者的话》）不仅此也。鲁迅对于儿童看的画本，也有严正的指示，现在引一段在下面：

　　……中国的童话开了一条自己创作的路的。不料
　此后不但并无蜕变，而且也没有人追踪，倒是拼命

的……画中人物，大抵倘不是带着横暴冥顽的气味，甚而至于流氓模样的，过度的恶作剧的顽童，就是钩头耸背，低眉顺眼，一副死板板的脸相的所谓"好孩子"。这虽然由于画家本领的欠缺，但也是取儿童为范本的。我们试一看别国的儿童画罢，英国沉着，德国粗豪，俄国雄厚，法国漂亮，日本聪明，都没有一点中国似的衰惫的气象。观民风是不但可以由诗文，也可以由图画，而且可以由不为人们所重的儿童画的。

顽劣，钝滞，都足以使人没落，灭亡。童年的情形，便是将来的命运。我们的新人物，讲恋爱，讲小家庭，讲自立，讲享乐了，但很少有人为儿女提出家庭教育的问题，学校教育的问题，社会改革的问题。先前的人，只知道"为儿孙作马牛"，固然是错误的，但只顾现在，不想将来，"任儿孙作马牛"，却不能不说是一个更大的错误。（《南腔北调集·上海的儿童》）

二三　和我的交谊

　　我和鲁迅生平有三十五年的交谊，彼此关怀，无异昆弟，例如他为我谋中山大学教书事，备极周到，已述于前第二十章。他的著译编印的书，出版后大抵都有惠赠给我，并且大抵有题字，弥足珍贵。例如《凯绥·珂勒惠支版画集》的题字（见第十一章），日译《支那小说史》的题字（见第二十二章），亦已述及，赠与稠叠，永留纪念。一九〇九年我和沈夫人结婚，鲁迅赠以《文史通义》和《校雠通义》。他知道我爱诵乡先生李慈铭的文章，即以厂肆所搜得的曾之撰刻《越缦堂骈体文集》四册给我。我读了，才知世传《孽海花》一书的作者曾朴，就是曾之撰的儿子，其序文明言令儿子朴受业为弟子。因之偶和鲁迅谈及，他即采入他的《中国小说史略》，云："……使撰者诚如所传，则改称李纯客者，实其李慈铭字莼客（见曾之撰《越缦堂骈体文集序》），亲炙者久，描写当能近实，而形容时复过度，亦失自然。"（《中国小说史略·清末之谴责小说》）足见鲁迅著书、取材和引例都费斟酌，具深心的。

　　吾越乡风，儿子上学，必定替他挑选一位品学兼优的做开蒙先生，给他认方块字，把笔写字，并在教本面上替他写姓名，希望他能够得到这位老师品学的熏陶和传授。一九一四年，我的长儿世瑛年五岁，我便替他买了《文字蒙求》，敦请鲁迅做开蒙先生。鲁迅只给他认识二个方块字：一个是"天"字，一个是"人"字，和在书面上写了"许世瑛"三个字。我们想一想，这天人两个字的含义实在广大得很，举凡一切现象（自然和人文），一切道德（天道和人道）都包括无遗了。后来，世瑛考入国立清华大学——本来打算读化学系，因为眼太近视，只得改读中国文学系，请教鲁迅应该看些什么书，他便开示了一张书单，现在抄录如下：

　　　　计有功　宋人　《唐诗纪事》（四部丛刊本　又有
　　　　　　　　单行本）

　　　　辛文房　元人　《唐才子传》（今有木活字单行
　　　　　　　　本）

　　　　严可均　　《全上古……隋文》（今有石印本，其中
　　　　　　　　零碎不全之文甚多，可不看）

　　　　丁福保　　《全上古……隋诗》（排印本）

　　　　吴荣光　《历代名人年谱》（可知名人一生中之社
　　　　　　　　会大事，因其书为表格之式也。可惜的
　　　　　　　　是作者所认为历史上的大事者，未必真

　　是"大事"，最好是参考日本三省堂出

版之《模范最新世界年表》）

胡应麟　明人　《少室山房笔丛》（广雅书局本，

　　　　亦有石印本）

《四库全书简明目录》（其实是现有的较好的书籍

之批评，但须注意其批评是"钦定"的）

刘义庆　《世说新语》（晋人清谈之状）

王定保　五代《唐摭言》（唐文人取科名之状

　　　　态）

葛　洪　《抱朴子外篇》（内论及晋末社会状态。

　　　　有单行本）

王　充　《论衡》（内可见汉末之风俗迷信等）

王　晫　《今世说》（明末清初之名士习气）

　　以上所列书目，虽仅寥寥几部，实在是初学文学者所必需
翻阅之书，他的说解也简明扼要。

　　一九一八年初夏，内子沈夫人由北京初到南昌，不及半月
便病故。鲁迅远来函唁（可惜我在南昌收到的书函均已散失
了），大意是说惊闻嫂夫人之丧，世兄们失掉慈母，固然是不
幸，但也不尽然。我向来的意见，是以为倘有慈母，或是幸
福，然若幼而失母，却也并非完全的不幸，因为他们也许倒成
为更加勇猛，更无挂碍的男儿的……他真想得深刻，不是普通

吊唁的套语。

一九一九年春初，伯兄铭伯先生应友人之邀，出席夜宴，忽患左体不遂症，次晨即命舍侄世璿走访鲁迅，商量延医之事。那时我在南昌，后据璿侄转述：鲁迅先生想了一想，便说这个病不容易完全治愈的。德医逖普耳太忙，法医某不很知悉，还是请意大利的儒拉来诊罢。伯兄因为和鲁迅平素气味相投，过从亦密，所以病中对于凡来存问的戚友，必先述鲁迅之言，德医如何如何，法医如何如何，还是意大利医生儒拉罢。其后亦曾遍觅良医，但是果然无效，计病二十九个月而殁，鲁迅闻讣即来吊。

一九三四年年冬，三女世场在嘉兴患扁桃腺炎，我远在北平，不及照顾，只好倩内子陶伯勤往访鲁迅烦他绍介医师。他为人谋，最忠实不惮烦，阅下面的几封信便可了然：

第一封

季市兄：

二十三日嫂夫人携世场来，并得惠函，即同赴筱崎医院诊察，而医云扁桃腺确略大，但不到割去之程度，只要敷药约一周间即可。因即回乡，约一周后再来，寓沪求治。如此情形，实不如能割之直捷爽快。因现在虽则治好，而咽喉之弱可知，必须永远摄卫；且身体之弱，亦与扁桃腺无关，当别行诊察医治也。

后来细想，前之所以往筱崎医院者，只因其有专科，今既不割，而但敷药，内科又须另求一医诊视，所费颇多，实不如另觅一兼医咽喉及内科者之便当也。弟亦识此种医生，俟嫂夫人来沪时，当进此说，想兄必亦以为是耳。又世玚看书一久，辄眼酸，闻中国医曾云患沙眼，弟以问筱崎医院，托其诊视，则云不然，后当再请另一医一视。或者因近视而不带镜，久看遂疲劳，亦未可知也。舍下如常，可释远念。匆布，即请

道安。

弟飞顿首　十月二十七日

第二封

季市兄：

惠函早收到。大约我写得太模糊，或者是兄看错了，我说的是扁桃腺既无须割，沙眼又没有，那么就不必分看专门医，以省经费，只要看一个内科医就够了。

今天嫂夫人携世玚来，我便仍行我的主张，换了一个医生，他是六十多岁的老手，姓须藤，经验丰富，且与我极熟，决不敲竹杠的。经诊断之后，他说关键全在消化系，与扁桃腺无关，而眼内亦无沙眼，

只因近视而不戴镜，所以容易疲劳。眼已经两个医生看过，皆云非沙眼，然则先前之诊断，不大可怪耶。

从月初起，天天发热，不能久坐，盖疲劳之故，四五天以前，已渐愈矣。上海多琐事，亦殊非好住处也。

专此布达，并请

道安

弟飞顿首 十一月廿七日

第三封

季市兄：

顷奉到十二月五日惠函，备悉种种。世玚来就医时，正值弟自亦隔日必赴医院，同道而去，于时间及体力，并无特别耗损，务希勿以为意。至于诊金及药费，则因与医生甚熟，例不即付，每月之末，即开账来取，届时自当将世玚及陶女士之账目检出寄奉耳。

弟因感冒，害及肠胃，又不能悠游，遂至颓惫多日，幸近已向愈，胃口亦渐开，不日当可复原，希勿念为幸。

专此布复，并颂

曼福

弟飞顿首 十二月九日

一九三五年七月，长女世瑄和汤兆恒在上海新亚酒家结婚。我因为国难期间，不敢发柬，但是戚友来者已不少，鲁迅一向不肯出门酬应，独对于我是例外。那天下午偕景宋挈海婴惠然来贺，并且到得很早。郑介石君来，翻阅来宾签名簿，见"周树人"三个字，便忻然问我：周先生也来了吗？我遂导引上屋顶花园，他们相见，非常高兴，因为已经阔别好几年了。近来我读《鲁迅书简》（一九四六年出版），才知道他为我费去许多宝贵的光阴。"……月初因为见了几回一个老朋友，又出席于他女儿的结婚，把译作搁起来了，后来须赶译，所以弄得没有工夫"。觉得他的光临是非常忻幸，但是耽误了他的译作又是抱歉万分！

二四　日常生活

鲁迅出学校以后，从事战斗的新文艺工作，亘三十年。这三十年间始终维持着最朴素的学生和战士的生活，"焚膏油以继晷，恒兀兀以穷年"，节衣缩食以购图书，以助穷苦青年的学费。景宋说得好："'囚首垢面而谈诗书'，这是古人的一句成语，拿来转赠给鲁迅先生，是很恰当的。我推测他的所以'囚首垢面'，不是故意惊世骇俗，老实说，还是浮奢之风，不期引起他的不重皮相，不以外貌评衡一般事态，对人如此，对自己也一样。"又说："说到废纸做信封，我更忆起他日常生活之一的惜物。……他则正惟其如此，日积月累地，随时随地可省则省，留有用的金钱，做些于人于社会有益的事。不然，不管他如何大心助人，以区区收入，再不处处俭省，怎能做到他当时所愿做的呢。"（《新中国文艺丛刊》三，景宋：《鲁迅的日常生活》）

关于他的衣着，他在南京读书时，没有余钱制衣服，以致夹裤过冬，棉袍破旧得可怜，两肩部已经没有一点棉絮了。这是他逝世以后，母太夫人才告诉我的。他在杭州教书时，仍旧着学生制服，夏天只做了一件白羽纱长衫，记得一直穿到十月天冷为止。后来新置了一件外套，形式很像现今的中山装，这是他个人独出心裁，叫西服裁缝做成的，全集第八册插图，便是这服装的照片。他的鞋是革制而遮满足踝的。我还记得他在绍兴中学堂教书时，有过一件皮鞋踢鬼的趣事：他的家和学堂的距离颇远，中间有一条近路，是经过义冢堆的。有一天晚上，在学堂里弄得时候迟了，回家时，心想走那一条路呢。决定仍走近路。两边草长得很高，忽地望见正面有个白东西毫不做声地停住着，而且渐渐变为矮小，终于成为石头那样不动了。他当时有些踌躇，这样深夜，会有人在这样地方行动，大约是所谓"鬼"罢？对这恶物的袭来，是"进攻"还是"退却"呢？短时间的决定：还是冲上去，而且走到这白东西的旁边，便用硬底皮鞋先踢了出去，结果那白东西"呵唷"一声，站起来向草中逃去了。鲁迅终于不晓得这是什么东西，他后来讲到这趣事时，笑着说："鬼也是怕踢的，踢他一脚，就立刻变成人了。"他到广州以后，少着皮鞋，改用黑色帆布面胶底的了。

关于他的饮食，饭菜很随便，惟不很喜吃隔夜菜和干咸品，鱼蟹也少吃，为的怕去骨和剥壳的麻烦。除饮茶和吸烟外，并无嗜好。茶用清茶，烟草用廉价品，每日大概需五十支。早上醒来便在卧帐内吸烟，所以住会馆时，他的白色蚊帐熏成黄黑。还有一段趣事，即本书第五章所说，"火车上让座给老妇人，弄得后来口渴，想买茶而无钱"，原因也是在爱吸烟草。有一天，他从东京回仙台，付过了房饭钱和人力车钱，买好了火车票之后，口袋里只剩两角银货和两个铜板了。因为火车一夜就到，他的学费已经先由公使馆直寄学校留交了。他大胆地把这两角钱统统买了烟。自以为粮草已足，百事无忧，扬长登车去了。不料车到某站，众客拥挤而上，车内已无余坐，鲁迅便对一位老妇人起立让坐，她因此感激，谢了又谢，攀谈既久，馈以一大包咸煎饼。鲁迅大嚼之余，便觉口渴，到了一站，便唤住卖茶者，但立刻记得口袋中的情形，支吾一声不要买了。但是老妇人已经听得他的唤茶而不买，以为是时间来不及之故，到了次一站，她便代为唤住，鲁迅只好推托说，我现在不渴了。于是她买了一壶送给他，他也不客气，一饮而尽。有谁知道他的口袋中只有两个铜板呢？（参阅拙著《回忆鲁迅》）他不敢多喝酒，因为他的父亲曾有酒脾气，所以他自己很有节制，不敢豪饮。他爱吃辣椒。我当初曾问他何时学会吃辣，他只答道在南京读书时，后来才告诉我：因为夹裤过冬，不得已吃辣椒以御寒气，渐渐成为嗜好，因而害及胃的健康，为毕生之累。他发胃病的时候，我常见他把腹部顶住方桌的角上而把上身伏在桌上，这可想见他胃痛的厉害呀！

　　鲁迅能健谈，和他相处，随便聊天，也可见其胸怀磊落，机智疾流，有光风霁月之概。所谈有种种，或叙述，或评论，或笑话，或悲愤，都令人感到亲切和痛快。可惜我当时没有把它记录下来，损失至巨。李霁野说得好："……从他的脸上可以看出他所经历的人生经验是何等深刻，他谈话时的两眼显然表示着他的观察是何等周密和锐敏，听到不以为然的事时，他的眉头一皱，从这你也不难看出他能感到怎样的悲愤。笑话是常有的，但却不是令人笑笑开心的笑话，那里面总隐藏着严肃和讽刺，他的谈锋和笔锋一样，随时有一针见血的地方，使听者觉得这是痛快不过的谈吐。"有人以为鲁迅好骂，其实不然，我从不见其谩骂，而只见其慎重谨严。他所攻击的，虽间或系对个人，但因其人代表着某一种世态，实为公仇，决非私怨。而且用语极有分寸，不肯溢量，仿佛等于称过似的。要知道：倘说良家女子是婊子，才是骂；说婊子是婊子，那能算是骂呢？

鲁迅写字用毛笔而不用墨水笔，这是很值得注意的一件事，因为根据他的经验和理论都是拥护后者的。他在学生时代记讲义都是用后者，而且记得很清晰纯熟，又很美观；对于禁用后者又曾反对，以为学生用后者写字当然比前者来得便当而且省时间。他说："据报上说，因为铅笔和墨水笔进口之多，有些地方已在禁用，改用毛笔了。……倘若安砚磨墨，展纸舔笔，则即以学生的抄讲义而论，速度恐怕总要比用墨水笔减少三分之一，他只好不抄，或者要教员讲得慢，也就是大众的时间被白费了三分之一了。所谓'便当'并不是偷懒，是说在同一时间内，可以由此做成较多的事情。这就是节省时间，也就是使一个人的有限的生命，更加有效，而也即等于延长了人的生命。古人说，'非人磨墨墨磨人'，就在悲愤人生之消磨于纸笔中，而墨水笔之制成，是正可以弥这缺憾的。"（《准风月谈·禁用和自造》）话虽如此，但是他的全集的原稿可说全是用毛笔写；其余未印的二十五年间的日记和已印未印的几千通的书简也都是用毛笔写的。这用毛笔的原因，大概不外乎（一）可以不择纸张的厚薄好坏；（二）写字"小大由之"，别有风趣罢。

鲁迅对于书籍的装饰和爱护，真是无微不至。他所出的书，关于书面的图案，排字的体裁，校对的仔细认真，没有一件不是手自经营，煞费苦心。他用的图案总是优美的，书的天地头及题目左右总是宽裕的。他常说："字排得密密层层，不留余地，令人接在手里有一种压迫感。"又说："书的每行的头上，倘是圈，点，虚线，括弧的下半（凵）的时候，是很不好看的。我先前做校对人的那时，想了一种方法，就是在上一行里，分嵌四个'铅开'，那么，就有一个字挤到下一行去，好看得多了。"经他校过的书，错误是很少很少的。关于线装书，内容有缺页的，他能够抄补；形式有破烂的，也能够拆散，修理，重装完好；书头污秽的，能用浮水石把它磨干净；天地头太短的也能够每叶接衬压平，和北平琉璃厂肆的书匠技术一样高明。他喜欢毛边不切的书，说光边好像和尚头似的；尤其喜欢初印红字本，所以我以初印红字本《章氏丛书续编》赠送，他接在手里，非常高兴。由于他的爱护书籍，纤悉必至，有人把他珍藏的书，借去弄得污损了，他非常悲叹，不叹书而叹那人的心的污浊。即此一端，便可推见其爱护民族爱护人类的大心！

　　总之，鲁迅一生的起居是很朴素的，刻苦耐劳的，始终维持着学生和战士的生活。最后的十年间，有景宋夫人的照料，饮食较为舒适，然她自已还以为罪过，说："记不清有谁说过，鲁迅的生活，是精神胜于物质。的确的，他日常起来迟了，多在十一时余，那么午饭就吃不下了。这样一起床就开始工作，有时直至吃夜饭才用膳，也不过两三种饭菜，半杯薄酒而已。想起来却是我的罪过，不会好好地注意他的营养，到后来，好像灯油的耗尽，那火光还能支持吗？"他的寝具一向是用板床薄被，到上海后，才改用最普通的铁床。书桌旁边放着一张藤躺椅，工作倦了，就在这椅上小坐看看报纸，算作休息而已。

二五 病 死

终于说到鲁迅的病死了！他因患肺结核而死。这样可怕的病，当初并不以为意，其实是伏根很早，从少年时已然，至少曾发过两次，又曾生重症肋膜炎一次，以致肋膜变厚，不通 X 光，但当初竟并不医治，且不自知其重病，而自然痊愈者，盖身体底子极好之故。到了一九三六年五月，就是他临死四个月前，美国 D 医师来诊，也说他是最能抵抗疾病的人。

……大约实在是日子太久，病象太险了的缘故罢，几个朋友暗自协商定局，请了美国的 D 医师来诊察了。他是在上海的唯一的欧洲的肺病专家，经过打诊，听诊之后，虽然誉我为最能抵抗疾病的典型的中国人，然而也宣告了我的就要灭亡；并且说，倘是欧洲人，则在五年前已经死掉。这判决使善感的朋友们下泪。我也没有请他开方，因为我想，他的医学从欧洲学来，一定没有学过给死了五年的病人开方的法子。然而 D 医师的诊断却实在是极准确的，后来我照了一张用 X 光透视的胸像，所见的景象，竟大抵和他的诊断相同。（《且介亭杂文末编附集·死》）

他的身体底子虽好，却经不起多年的努力和苦斗，以致陷入这种重病中，病危之后，还是力疾工作，不肯小休，而且"要赶快做"。这年四月五日，他寄给我的信中，述及病情，有云：

> 我在上月初骤病，气喘几不能支，注射而止，卧床数日始起，近虽已似复原，但因译著事烦，终极困顿。倘能优游半载，当稍健，然亦安可得哉？

信中并不说明肺病，我又疏忽糊涂，以为不过是重感冒之类，所以回信只劝他节劳调摄而已。到了五月下旬，我因公事至南京，二十九日特地往上海去看他，才知病势沉重，胃口不开，神色极惫，不愿动弹，两腔瘦得像败落的丝瓜，看了真叫人难受。这一天，须藤医师给他注射强心剂。三十一日，我再去看他，似乎已略有转机，便劝他务必排遣一切，好好疗养半年，他很以为然说："我从前总是为人多，为己少，此后要想专心休养了。"这一天的下午，便是上述的 D 医师来诊，宣告病危。我返北平以后，景宋来信虽说病体已转危为安，然而仍不肯入院疗治。六月五日，孙夫人宋庆龄先生在病院中，写信慰问鲁迅，劝其马上入院医治，说："……你的生命，并不是你个人的，而是属于中国和中国革命的！为着中国和革命的前途，你有保存，珍重你身体的必要，因为中国需要你，革命需要你！"但是鲁迅仍不肯住院或转地疗养，他觉得如果"中国需要你，革命需要你"，就更不应该自己轻易舍去。六月五日以后，精神委顿，便不能按日写日记了！一直到六月三十日，他有一段追记如下：

> 自此（五日）以后，日渐委顿，终至艰于起坐，遂不复记，其间一时颇虞奄忽，但竟渐愈，稍能坐立诵读，至今则可略作数十字矣，但日记是否以明日始，则近颇懒散，未能定也。六月三十日下午，大热时志。

七月一日起，鲁迅居然又按日写日记了，直至十月十八日——逝世前夕始止。兹录一段如下：

> 七月一日。晴热。上午得文尹信。午季市来，并赠橘子及糖果。下午须藤先生来，注射 Takamol，是为第四次。……

这一天，我刚由北平到上海，所以立刻去慰问，看他的病体确已渐臻恢复，甚为欣喜。他告诉说，"医师劝我转地疗养，我正在考虑中，国内是无处可走，国外则如东京之类，来客必多，亦非静养之地，俟后再定。"我竭力怂恿出国疗养，回家后还去信催问动身日期。他七月十七日复信云：

季市兄：

　　三日惠示早到。弟病虽似向愈，而热尚时起时伏，所以一时未能旅行。现仍注射，当继续八日或十五日，至尒时始可定行止，故何时行与何处去，目下初未计及也。

　　顷得曹君信，谓兄南旋，亦未见李公，所以下半年是否仍有书教，毫无所知，嘱弟一探听。如可见告，乞即函知，以便转达，免其悬悬耳。

　　目前寄上版画一本，内容尚佳，想已达。

　　专此布达，即请

道安。

弟树顿首　七月十七日

可怜！旅行之期始终未能决定。隔了十天（七月二十七日），我回北平，道经上海，再去看他，身体虽瘦，精神已健，确乎已转危为安，只须好好调养罢了。我们长谈一日，他以手自经营，精印题词的《凯绥·珂勒惠支板画选集》赠我（参阅本文第十一）。到了晚九时，我握着这本选集告别，他还问我几时再回南，并且下楼送我上车，万不料这竟就是他题词赠我的最后一册，万不料"这一去，竟就是我和他相见的末一回，竟就是我们的永诀！"

十月十九日上午，我在北平便得了电传噩报，知道上午五时二十五分，鲁迅竟尔去世了。我没法想，不能赶去执绋送殡，只打了一个电，略云："上海施高塔路大陆新村九号，许景宋夫人，豫才兄逝世，青年失其导师，民族丧其斗士，万分哀痛，岂仅为私，尚望善视遗孤，勉承先志……"鲁迅的寿仅五十六岁，其致死之由，我在拙著《怀亡友鲁迅》文中，举出三点：（一）心境的寂寞，（二）精力的剥削，（三）经济的压迫，而以这第三为最大的致命伤。他大病中所以不请 D 医开方，大病后之不转地疗养，"何时行与何处去"，始终踌躇着，就是为了这经济的压迫。鲁迅毕生为反帝反封建而奋斗，淡泊自甘，痛恶权势，受禁锢而不悔，受围攻而不屈，受诬蔑不知若干次。翻译几本科学的文艺理论，就诬他得了苏联的卢布；出版一本《南腔北调集》，就诬他得了日本万金，意在卖国，称为汉奸；爱罗先珂从中国到德国，说了些中国的黑暗，北洋军阀的黑暗，就说这些宣传，受之于他，因为他的女人是日本人，所以给日本人出力；给一个毫不相干的女士做了一篇《〈淑姿的信〉序》，就说她是他的小姨；"一二·八"战事骤起，寓所突陷火线中，得日本人内山完造设法，才避居于其英租界支店的楼上几天，就说他托庇于日本间谍。

鲁迅对这些诬蔑，能够愤而安之，"细嚼黄连而不皱眉"。惟独在病势沉重之际，对于抗日的统一战线的态度，因为有人诬陷他，则不能不扶病明白答复，主张不分派别，一致联合来抗日的。他说："我赞成一切文学家，任何派别的文学家，在抗日的口号之下统一起来的主张。""我以为文艺家在抗日问题上的联合是无条件的，只要他不是汉奸，愿意或赞成抗日，则不论叫哥哥妹妹，之乎者也，或鸳鸯蝴蝶都无妨。""我以为在抗日战线上是任何抗日力量都应当欢迎的。"（《且介亭杂文末编·答徐懋庸并关于抗日统一战线问题》）他又在《论现在我们的文学运动》（《且介亭杂文末编》附集），强调为了民族生存上，非和日本侵略者决战不可。"因为现在中国最大的问题，人人所共的问题，是民族生存的问题。……而中国的唯一的出路，是全国一致对日的民族革命战争"。果然，他的文字的感召力极强，所以死后不到一年，伟大的神圣的全面抗战开始了！

鲁迅之丧，我虽挂名为治丧委员之一，却是未能实际赶到参加。景宋曾寄给我一大套丧仪的照片，大约有三四十张，我看了下泪。关于丧仪的盛况，是有一种特色的，报章杂志上都记载得很详，现在取其叙述简单的内山完造（他也是治丧委员之一）的《鲁迅先生》文中一二节如下：

……二十日和二十一日在万国殡仪馆瞻仰遗容的期间，有一万人光景从朝到晚作着长蛇形的行列。二十二日出殡，虽说是下年两点钟，可是从早晨就开始拥塞进来的群众，围绕着遗体，几乎连出殡的走路都没有的。

谁也没有下过命令，没有做过邀请，也没有预先约好，而送葬的行列，却有六千人光景的大众，而且差不多全是青年的男人和少年。旗子挽联，都是棉布的；拿花圈的也罢，拿旗子挽联的也罢，全部是送葬的人。而且，除了主治医生一个人之外，一辆自备汽车也没有，仅仅由"治丧委员会"租来九辆汽车（按时间计算租金）。一个僧侣也没有，一个牧师也没有，一切都由八个治丧委员办了。这等等，毫无遗憾地发挥着被葬者的人格。两小时半的大行进，一丝未乱，什么事故也没有出。到完全入好穴的辰光，是上弦月开始放射青辉到礼堂上的下午六时了。

内山完造是鲁迅的好友，基督教徒，内山书店的老板，其人好义有识见。抗战中，鲁迅的冢墓被敌伪毁坏了，后忽有人把它完全修复而不以告人。据景宋说，想必是出于他的慷慨而不肯居功。

我和吾友罗膺中，为要永久保留鲁迅的手迹，遗物，以及工作室的全部情形起见，曾经同至西三条胡同住宅，照了十几张相片，以存纪念，且以一套邮寄给景宋。

至于哭挽鲁迅的诗和文，当然很多，我仅就吾友中，选录许季上（丹）、张冷僧（宗祥）的诗各一首，马幼渔（裕藻）、罗膺中（庸）的挽词各一联，附录于下，以见一斑。

许季上《哭豫才兄》——

> 惊闻重译传穷死[1]，
> 坐看中原失此人。
> 两纪交情成逝水，
> 一生襟抱向谁陈。
>
> 于今欲杀缘无罪[2]，
> 异世当知仰大仁[3]，
> 岂独延陵能挂剑，
> 相期姑射出埃尘。

---

[1] 十月十九日夜，见《日文晚报》载兄死讯，述垂死前情况至为凄切，不忍再读。——作者注

[2] 子贡子路相与言曰，"杀夫子者无罪，藉夫子者不禁"。——作者注

[3] 兄慈仁恻怛，心如赤子，而世人不省，伐树削迹，厄之至死。——作者注

张冷僧《哭豫才诗》——

老友飘零剩几人，

海滨惊报损愁身。

文章几度疑戕命

魑魅千年见写真。

别有烦冤天莫问，

但余慈爱佛相亲。

呕心沥血归黄土，

天下黔娄识苦辛。

马幼渔《挽豫才联》——

热烈情绪，冷酷文章，直笔遥师蓟汉阁；

清任高风，均平理想，同心深契乐亭君。

罗膺中《集遗诗句挽鲁迅先生联》——

荷戟独彷徨，岂惜芳心遗远者；

大国犹酩酊，如磐夜气压重楼。

翌年一月我利用假期回南，特至万国公墓，在鲁迅墓前献花圈以申哀吊，归途成《哭鲁迅墓诗》一首，附录于此，以终斯记：

身后万民同雪涕，
生前孤剑独冲锋。
丹心浩气终黄土，
长夜凭谁叩晓钟。

读后记

在新旧转变期中的一个文化工作，社会改革者如鲁迅先生，我们任何人都可以研究他，这是超乎捧与骂的一种任务。如众所知，就他三十年的文笔生涯，正是研究近代文化史的不可少的强有力的佐证。但是，关于这方面，仅只从作者自身是不够的，因之有渴求同时代有关系者的阐发。

许季茀先生是鲁迅先生的同乡，同学。而又从少年到老一直友好，更兼不时见面，长期同就职于教育部，同执教于各地，真可以算是知无不言、言无不尽的知己好友。在这种弥足珍贵的情谊之下，我敢于请求许先生写回忆，谅来不是冒昧的。

他们两位是知交，个性却不大相同。闲尝体察，他们在侃侃畅谈的时候，也会见解略异。首先必是鲁迅先生绷起面孔沉默着。但过不多时，彼此又水乳交融，毫无隔阂地谈起来了。不但和许先生如此，有时遇见别的老友齐寿山邵铭之先生等也会有此情状的。奇怪的是齐、邵先生等也和许先生一样，稍稍沈默之后又欢快地交谈了。鲁迅先生时常坚信地说："季茀他们对于我的行动，尽管未必一起去做，但总是无条件地承认我所做的都对。"就这样，他们的友谊互相坚守信赖。就这样，鲁迅先生常常引以自豪，认为生平有几个生死不渝的至友。

有时也会听见鲁迅先生批评许先生人太忠厚了，容易被伪善者的假装所蒙蔽：他相信这人是好的，结果却会是或明或暗地首先反对他。因此时常为许先生操心。我也部分地同意鲁迅先生的话。因为在女师大风潮发生的时候，坚持拥护杨荫榆暗暗反对许先生的，就是他委以女附中主任的那一位。她有权术威胁那些毕业与快毕业的女中学生，不得不拥护杨荫榆。使转眼之间，从女中转入女师大的同学态度为之不变，使整个学生团体立刻分裂为二。

然而许先生的忠厚却赢得鲁迅先生的友情。不，他们互相的忠厚，真诚地遇见了。许先生一生朋友中，毕竟还有鲁迅先生其人在内，因此又可以说鲁迅先生的操心是过于仁慈了。只要把握着这份友情，其余何足道呢？他们像友爱的亲兄弟般相处，同仇敌忾，一见于对章士钊的暴谬，再见于广东中山大学的辞职，无患得患失之心，惟大义懔然是见，求之古人，亦不多遇，世情硗薄之秋，得此顽廉懦立了。

被五四潮流激荡了的青年，求知心是非常迫切的。不甘于初师毕业了此一生的我，原希望入大学，而被经济限制了，转而投入女师大，因此幸运地得在许先生当校长时滥充一学生。

他和蔡孑民先生约定，凡北大有学术讲演，女师大学生可以尽量参加，而所有教师，也多自北大延聘，因此把女师大学生的程度无形提高了。这都是由于许先生苦心孤诣的布置。然而挡不住一些拥护女人长女校的醉心之徒的播弄，在我入学校一年之后许先生辞职了。随着北大派的教员也陆续解聘。继之而来的是不孚众望的人物，提高程度马上要相反地受阻遏。在锦绣满身，以文凭为增饰声价者流自然毫不在意的。

然而在千辛万苦、半工半读的自觉青年却觉得是无比的打击。因之风潮一发生，就坚不可拔。而许先生那时也自觉系铃解铃，非己莫属，不忍袖手旁观，毅然在师生共同维持的小小局面的宗帽胡同临时学校里担任职务，直至学校恢复，才始让贤而退。说到这里，我记起许先生说："鲁迅对人，多喜欢给予绰号。"确是不错。我的脾气，平常是不大奔走师长之门的。但为了学校的事情，需要预备些官样文章如写呈文之类，我们是不大内行的，有时就迫得跑到鲁迅先生府上去请教。一进门，耳边常听说"害马来了"。四顾又没有旁人，有时许先生却在座微笑。真弄得莫明其妙。后来听的次数多起来，才猜出是给我起的绰号。原来杨荫榆把六个学生自治会的职员开除了，理由大约说是："以免害群。"于是我们便成了害群之马。直到现在，还在社会做"害马"。

回忆是不轻的沈痛。幸而许先生能在沈痛中淘净出一些真材实料，为我辈后生小子所不知不见，值得珍贵，而也给热心研究这一时代一个文化工作者的一点真相。就是吉光片羽罢，也弥足珍视的了。除了许先生，我们还能找到第二个人肯如此写出吗？这不但是我私人的感幸。

许先生来信一定要嘱我写篇序。他是我的校长，是严师，我不敢也不配写序的。却又不能重违师命，为读后记。

中华民国三十六年九月九日　许广平

附 录

怀亡友鲁迅

许寿裳

"旧朋云散尽，余亦等轻尘！"这是鲁迅哭范爱农的诗句，不料现在我在哭鲁迅了！怀念"平生风谊兼师友"，我早该写点东西了！可是总不能动手，挥泪成文，在我是无此本领的。日前有《益世报》记者来要我关于鲁迅的文字·屡辞不获，匆匆写了一短篇，题曰《我所认识的鲁迅》，聊以塞责，未能抒怀。现在《新苗》又快要付印，就献给这一篇：先叙回忆，次述其致死之由，最后则略及其生平和著作。

一　三十五年的回忆

三十五年来，对于鲁迅学术研究的邃深和人格修养的伟大，我是始终佩服的。一九〇二年夏，我往东京留学，他也是这一年由南京矿路学堂毕业派往的，比我早到若干日，我们在弘文学院同修日语，却是不同班（我在浙江班，他在江南班）。他此后的略历如下：

1902 年—1904 年夏　弘文学院预备日语

1904 年秋—1906 年春　入仙台医学专门学校

1906 年春—1909 年春　在东京研究文学兼习德

　　　　　　　　　　　文俄文

1909 年春—1910 年夏　归国，在杭州任浙江两

　　　　　　　　　　　级师范学堂生理学及化

　　　　　　　　　　　学教员

1910 年秋—1911 年冬　在绍兴，任中学堂教务

　　　　　　　　　　　长，师范学校校长

1912 年春—1926 年夏　一九一二年春任南京教

　　　　　　　　　　　育部部员，同年夏部迁

　　　　　　　　　　　北京任科长佥事，一九

　　　　　　　　　　　二〇年起兼任北京大

　　　　　　　　　　　学，师范大学，女子师

　　　　　　　　　　　范大学讲师

1926 年秋冬　任厦门大学教授

1927 年春夏　在广州任中山大学教授兼教务长

1927 年秋—1936 年 10 月 19 日　在上海专事著译

　　自一九〇二年秋至一九二七年夏，整整二十五年中，除了
他在仙台，绍兴，厦门合计三年余，我在南昌（一九一七年
冬—一九二〇年底）三年外，晨夕相见者近二十年，相知之深

有如兄弟。一九二七年广州别后，他蛰居上海，我奔走南北，晤见虽稀，音问不绝。

鲁迅在弘文时，课余喜欢看哲学文学的书。他对我常常谈到三个相联的问题：一、怎样才是理想的人性？二、中国国民性中最缺乏的是什么？三、它的病根何在？这可见当时他的思想已经超出于常人。后来，他又谈到志愿学医，要从科学人手，达到解决这三个问题的境界。我从此就非常钦佩：以一个矿学毕业的人，理想如此高远，而下手工夫又如此切实，真不是肤浅凡庸之辈所能梦见的。学医以后，成绩又非常之好，为教师们所器重。可是到了第二学年春假的时候，他照例回到东京，忽而"转变"了。

"我退学了。"他对我说。

"为什么？"我听了出惊问道，心中有点怀疑他的见异思迁。"你不是学得正有兴趣么？为什么要中断……"

"是的，"他踌躇一下，终于说，"我决计要学文艺了。中国的呆子，坏呆子，岂是医学所能治疗的么？"

我们相对一苦笑，因为呆子坏呆子这两大类，本是我们日常谈话的资料。《呐喊·自序》文里写这"转变"的经过很详细。

　　……有一回，我竟在画片上忽然会见我久违的许多中国人了，一个绑在中间，许多站在左右，一样是强壮的体格，而显出麻木的神情。据解说，则绑着的是替俄国做了军事上的侦探，正要被日军砍下头颅来示众，而围着的便是来赏鉴这示众的盛举的人们。

这一学年没有完毕，我已经到了东京了，因为从那一回以后，我便觉得医学并非一件紧要事，凡是愚弱的国民，即使体格如何健全，如何茁壮，也只能做毫无意义的示众的材料和看客，病死多少是不必以为不幸的。所以我们的第一要著，是在改变他们的精神，而善于改变精神的是，我那时以为当然要推文艺，于是想提倡文艺运动了。

他对于这文艺运动——也就是对于国民性劣点的研究，揭发，攻击，肃清，终身不懈，三十年如一日，真可谓"鞠躬尽瘁，死而后已"，这是使我始终钦佩的原因之一。

我们今年晤面四回，他都是在病中，而以七月二十七日一回，病体的情形比较最佳，确乎已经是转危为安了。谈话半天，他留我晚饭，赠我一册病中"手自经营"，刚才装订完成的《凯绥·珂勒惠支版画选集》，并于卷端手题小文：

印造此书，自去年至今年，自病前至病后，手自经营，才得成就，持赠季市一册，以为纪念耳。

到了九时，我要去上京沪夜车了，握着这版画集告别，又欣喜，又惆怅，他还问我几时再回南，并且送我下楼出门，万不料这竟就是他题字赠我的最后一册，万不料"这一去，竟就是我和他相见的末一回，竟就是我们的永诀"。

二　致死之由

鲁迅所患的是肺病，而且是可怕的肺结核，虽经医师给了好几回警告，他却不以为意，也没有转告别人，谁都知道肺病是必须安心调养的，何况他自己是懂得医学的，但是他竟不能这样做！本年四月五日给我一信，其中有云：

> 我在上月初骤病，气喘几不能支，注射而止，卧床数日始起，近虽已似复原，但因译著事烦，终极困顿。倘能优游半载，当稍健，然亦安可得哉？

并不说明肺病，我又疏忽糊涂，以为不过是感冒之类，所以回信只劝他节劳调摄。五月底我往上海，看见他气喘未痊，神色极惫，瘦削不成样子，才知道这病势严重，极为担心，便劝他务必排遣一切，好好地疗养半年，他很以为然，说："我从前总是为人多，为己少，此后要想专心休养了。"六月初，景宋来信云病体已转危为安，到七月一日，我再晤面，确乎已渐恢复。医师劝他转地疗养，我便竭力怂恿，回家后还去信催问动身日期。他七月十七日复信有云：

> 三日惠示早到，弟病虽似向愈，而热尚时起时
> 伏，所以一时未能旅行。现仍注射，当继续八日或十
> 五日，至尔时始可定行止，故何时行与何处去，目下
> 初未计及也。

又九月二十五日信云：

> 贱恙时作时止，毕竟如何，殊不可测，只得
> 听之。

病势拖久，原是极可忧虑之事。他九月五日所作的一篇
《死》（《中流》一卷二期），中间有记述 D 医师诊断的一段，
很可注意：

> ……大约实在是日子太久，病象太险了的缘故
> 罢，几个朋友暗自协商定局，请了美国的 D 医师来
> 诊察了。他是在上海的唯一的欧洲的肺病专家，经过
> 打诊，听诊之后，虽然誉我为最能抵抗疾病的典型的
> 中国人，然而也宣告了我的就要灭亡；并且说，倘是
> 欧洲人，则在五年前已经死掉。这判决使善感的朋友

们下泪。我也没有请他开方，因为我想，他的医学从欧洲学来，一定没有学过给死了五年的病人开方的法子。

再检视两年前他的手札，如云："从月初起，天天发热，不能久坐，盖疲劳之故，四五天以前已渐愈矣。上海多琐事，亦殊非好住处也。"（一九三四年十一月二十七日）又云："弟因感冒，害及肠胃，又不能优游，遂至颓怠多日，幸近已向愈，胃口亦渐开，不日当可复原。"（十二月九日）话虽如此，其实病根都在肺部，偶因感冒或过劳而加剧罢了。所可悲痛的是始终不能优游，直到临死的前日，还不能不工作如故，而且"要赶快做"。呜呼鲁迅！不幸而有此病，带病奋斗，所向无敌，而终于躺倒不起者，我看至少有三个原因：

（一）心境的寂寞

呐喊冲锋了三十年，百战疮痍，还是醒不了沉沉的大梦，扫不清千年淤积的秽坑。所谓右的固然靠不住，自命为左的也未必靠得住，青年们又何尝都靠得住。试读他的"两间余一卒，荷戟独彷徨"（《集外集·彷徨》），"惯于长夜过春时"（《南腔北调集·为了忘却的纪念》），就可想见其内心含着无限的痛苦！又读他去年的一首《残秋偶作》：

曾惊秋肃临天下，敢遣春温上笔端。

尘海苍茫沉百感，金凤萧瑟走千官。

老归大泽菰蒲尽，梦坠空云齿发寒。

竦听荒鸡偏阒寂，起看星斗正阑干。

俯仰身世，无地可栖，是何等的悲凉孤寂！

（二）精力的剥削

他的生命是整个献给我们中华民族的，"我以我血荐轩辕"这句诗可说是实践到底，毫无愧色的。可是我们的同胞没有让他能够好好地整个儿贡献，倒是重重剥削，各各离分，有许多人都争着挖取它的精神的一分。有些书店老板借它以牟利，有些青年作家借它以成名。还有，他的生前和死后，版权毫无保障，翻版或偷印本层出不穷，单是一本《南腔北调集》，改头换面的就不知道有若干种。自政府以至人民，自亲朋以至社会，有谁曾经保护过他点什么，赠给过他点什么？毕生所受的只有压迫，禁锢，围攻，榨取。……譬如一池清水，这个也汲取，那个也汲取，既没有养活的源头，自然容易枯掉。

（三）经济的窘迫

他的生活只靠版税和卖稿两种收入，所有仰事俯畜，旁助朋友，以及购买印行图书等费尽出于此。但是版税苦于收不起，卖稿也很费力，只看那《死》中的一句云："假使我现在已经是鬼，在阳间又有好子孙，那么，又何必零星卖稿，或向北新书局去算账呢……"便可窥见他的隐痛了。在日本，虽有几个杂志社很欢迎他的文章，酬金也颇优，只是他不愿意多写，必待屡次被催，实在到了情不可却的时候，才写出一点寄去，因为他自己知道文章里免不了讽刺友邦。例如《我要骗人》的末尾有云：

> 写着这样的文章，也不是怎么舒服的心地。要说的话多得很，但得等候"中日亲善"更加增进的时光。不久之后，恐怕那"亲善"的程度，竟会到在我们中国，认为排日即国贼——因为说是共产党利用了排日的口号，使中国灭亡的缘故——而到处的断头台上，都闪烁着太阳的圆圈的罢，但即使到了这样子，也还不是披沥真实的心的时光。

我到后来才明白：他大病中之所以不请D医开方，大病后之所以不转地疗养，"何时行与何处去"始终踌躇着，多半是为了这经济的压迫。

三　生平和著作

鲁迅的人格和作品的伟大稍有识者都已知道，原无须多说。至于他之所以伟大，究竟本原何在？依我看，就在他的冷静和热烈双方都彻底。冷静则气宇深稳，明察万物；热烈则中心博爱，自任以天下之重。其实这二者是交相为用的。经过热烈的冷静，才是真冷静，也就是智；经过冷静的热烈，才是真热烈，也就是仁。鲁迅是仁智双修的人。唯其智，所以顾视清高，观察深刻，能够揭破社会的黑暗，抉发民族的劣根性，这非有真冷静不能办到的；唯其仁，所以他的用心，全部照顾到那愁苦可怜的劳动社会的生活，描写得极其逼真，而且灵动有力。他的一支笔，从表面看，有时好像是冷冰冰的，而其实是藏着极大的同情，字中有泪的。这非有真热烈不能办到的。欲明此意，只将《呐喊》中的《阿Q正传》和《彷徨》中的《祝福》两篇，比照对看便知。

鲁迅又是言行一致的人。他的二百万言以上的创作，任取一篇，固然都可以看出伟大的人格的反映，而他的五十六年的全生活，为民族的生存而奋斗，至死不屈，也就是一篇天地间的至文——一篇可泣可歌光明正大的至文，这仁智双修言行一致八个字，乃是鲁迅之所以为鲁迅！

有人以为鲁迅多怒，好骂是一个缺点，骂他者和被骂者都不是他的敌手，实在不值得费这许多光阴，化这许多气力去对付，所谓"割鸡焉用牛刀"。殊不知这正是鲁迅的伟大之处。他看准了缺点，就要愤怒，就要攻击，甚而至于要轻蔑。他的最近作《半夏小集》里有这样的话：

琪罗编辑圣·蒲孚的遗稿，名其一部为《我的毒》（*Mes Poisons*）；我从日译本上，看见了这样的一条：

"明言着轻蔑什么人，并不是十足的轻蔑。惟沉默是最高的轻蔑。——我在这里说，也是多余的。"

诚然，"无毒不丈夫"，形诸笔墨，却还不过是小毒。最高的轻蔑是无言，而且连眼珠也不转过去。

我从来不曾看到鲁迅有谩骂，倒是只看见他的慎重。他的骂人是极有分寸，适如其分，连用字都非常谨严，仿佛戥子秤过似的。所谓"以直报怨"，"即以其人之道，还治其人之身"。

他的慎重，我在此只举一个例，就可以概见其余。当一九二五年初，《京报副刊》征求"青年必读书"，有许多人大开书目，陆续发表，连我也未能免俗，他呢？只写了十四个大字，叫做：

从来没有留心过，所以现在说不出。

后面有附注（见《华盖集》）。可见自命为青年的导师的，不见得胜任愉快，而他的谨慎工夫，则真可为青年的领导。

又有人以为鲁迅多疑，这是确的，他曾经有自白，例如《关于杨君袭来事件的辩正》（《集外集》）其一有云：

现在我对于我那记事后半篇中神经过敏的推断这几段，应该注销。但以为那记事却还可以存在：这是意外地发露了人对人——至少是他对我和我对他——互相猜疑的真面目了。

又其二有云：

今天接到一封信和一篇文稿，是杨君的朋友，也是我的学生作的，真挚而悲哀，使我看了很觉得惨然，自己感到太易于猜疑，太易于愤怒。他已经陷入这样的境地了，我还可以不赶紧来消除我那对于他的误解么？

然而旧社会上，另一方面的下劣凶残，每每有出于他的猜疑之外的，这又从何说起呢！例如《纪念刘和珍君》（《华盖集续编》）所云：

……我向来是不惮以最坏的恶意来推测中国人的，然而我还不料，也不信竟会下劣凶残到这地步。

又有人以为鲁迅长于世故，却又有人以为他不通世故，其实都不尽然，只是与时宜不合罢了。他在《世故三昧》（《南腔北调集》）里说得很明白：

……待到他们又在谈着这事的时候，我便说出我的所见来，而不料大家竟笑容尽敛，不欢而散了，此后不和我谈天者两三月。我事后才悟到打断了他们的兴致，是不应该的。

这种使人扫兴的事，那些更"'深于世故'而避开了'世'不谈"者决不会做，而鲁迅热情难遏，偏要"说出"，是知其不可而为之。

总之，鲁迅是伟大的。竟不幸而孤寂穷苦以终，是谁之过欤！是谁之过欤！

然而，我确信将来他是愈远愈伟大的。现在就引用他的《战士和苍蝇》（《华盖集》）中的几句话作为结束罢：

Schopenhauer 说过这样的话：要估定人的伟大，则精神上的大和体格上的大，那法则完全相反。后者距离愈远即愈小，前者却见得愈大。

……

有缺点的战士终竟是战士，完美的苍蝇也终竟不过是苍蝇。

一九三六年十一月八日鲁迅逝世后十九日

151

回忆鲁迅先生

萧　红

　　鲁迅先生的笑声是明朗的，是从心里的欢喜。若有人说了什么可笑的话，鲁迅先生笑得连烟卷都拿不住了，常常是笑得咳嗽起来。

　　鲁迅先生走路很轻捷，尤其使人记得清楚的，是他刚抓起帽子来往头上一扣，同时左腿就伸出去了，仿佛不顾一切地走去。

　　鲁迅先生不大注意人的衣裳，他说："谁穿什么衣裳我看不见的……"

　　鲁迅先生生的病，刚好了一点，窗子开着，他坐在躺椅上，抽着烟，那天我穿着新奇的火红的上衣，很宽的袖子。

　　鲁迅先生说："这天气闷热起来，这就是梅雨天。"他把他装在象牙烟嘴上的香烟，又用手装得紧一点，往下又说了别的。

　　许先生忙着家务，跑来跑去，也没有对我的衣裳加以鉴赏。

于是我说："周先生，我的衣裳漂亮不漂亮？"

鲁迅先生从上往下看了一眼："不大漂亮。"

过了一会又加着说："你的裙子配的颜色不对，并不是红上衣不好看，各种颜色都是好看的，红上衣要配红裙子，不然就是黑裙子，咖啡色的就不行了；这两种颜色放在一起很浑浊……你没看到外国人在街上走的吗？绝没有下边穿一件绿裙子，上边穿一件紫上衣，也没有穿一件红裙子而后穿一件白上衣的……"

鲁迅先生就在躺椅上看着我："你这裙子是咖啡色的，还带格子，颜色浑浊得很，所以把红衣裳也弄得不漂亮了。"

"……人瘦不要穿黑衣裳，人胖不要穿白衣裳；脚长的女人一定要穿黑鞋子，脚短就一定要穿白鞋子；方格子的衣裳胖人不能穿，但比横格子的还好；横格子的，胖人穿上，就把胖子更往两边裂着，更横宽了，胖子要穿竖条子的，竖的把人显得长，横的把人显得宽……"

那天鲁迅先生很有兴致，把我一双短统靴子也略略批评一下，说我的短靴是军人穿的，因为靴子的前后都有一条线织的拉手，这拉手据鲁迅先生说是放在裤子下边的……

我说："周先生，为什么那靴子我穿了多久了而不告诉我，怎么现在才想起来呢？现在不是不穿了吗？我穿的这不是另外的鞋吗？"

"你不穿我才说的，你穿的时候，一说你该不穿了。"

那天下午要赴一个筵会去，我要许先生给我找一点布条或绸条束一束头发。许先生拿了来米色的、绿色的还有桃红色的。经我和许先生共同选定的是米色的。为着取美，把那桃红色的，许先生举起来放在我的头发上，并且许先生很开心地说着：

"好看吧！多漂亮！"

我也非常得意，很规矩又顽皮地在等着鲁迅先生往这边看我们。

鲁迅先生这一看，他就生气了，他的眼皮往下一放向我们这边看着：

"不要那样装她……"

许先生有点窘了。

我也安静下来。

鲁迅先生在北平教书时，从不发脾气，但常常好用这种眼光看人。许先生常跟我讲，她在女师大读书时，周先生在课堂上，一生气就用眼睛往下一掠，看着她们，这种眼光鲁迅先生在记范爱农先生的文字里曾自己述说过，而谁曾接触过这种眼光的人就会感到一个旷代的全智者的催逼。

我开始问："周先生怎么也晓得女人穿衣裳的这些事情呢？"

"看过书的，关于美学的。"

"什么时候看的……"

"大概是在日本读书的时候……"

"买的书吗?"

"不一定是买的,也许是从什么地方抓到就看的……"

"看了有趣味吗?"

"随便看看……"

"周先生看这书做什么?"

"……"没有回答,好像很难以回答。

许先生在旁说:"周先生什么书都看的。"

在鲁迅先生家里做客人,刚开始是从法租界来到虹口,搭电车也要差不多一个钟头的工夫,所以那时候来的次数比较少。还记得有一次谈到半夜了,一过十二点电车就没有的,但那天不知讲了些什么,讲到一个段落就看看旁边小长桌上的圆钟,十一点半了,十一点四十五分了,电车没有了。

"反正已十二点,电车已没有,那么再坐一会。"许先生如此劝着。

鲁迅先生好像听了所讲的什么引起了幻想,安顿地举着象牙烟嘴在沉思着。

一点钟以后,送我(还有别的朋友)出来的是许先生,外边下着蒙蒙的小雨,弄堂里灯光全然灭掉了,鲁迅先生嘱咐许先生一定让坐小汽车回去,并且一定嘱咐许先生付钱。

以后也住到北四川路来,就每夜饭后必到大陆新村来了,刮风的天,下雨的天,几乎没有间断的时候。

鲁迅先生很喜欢北方饭。还喜欢吃油炸的东西，喜欢吃硬的东西，就是后来生病的时候，也不大吃牛奶。鸡汤端到旁边用调羹舀了一二下就算了事。

有一天约好我去包饺子吃，那还是住在法租界，所以带了外国酸菜和用绞肉机绞成的牛肉。就和许先生站在客厅后边的方桌边包起来。海婴公子围着闹得起劲，一会把按成圆饼的面拿去了，他说做了一只船来，送在我们的眼前，我们不看它，转身他又做了一只小鸡。许先生和我都不去看他，对他竭力避免加以赞美，若一赞美起来，怕他更做得起劲。

客厅后边没到黄昏就先黑了，背上感到些微的寒凉，知道衣裳不够了，但为着忙，没有加衣裳去。等把饺子包完了看看那数目并不多，这才知道许先生我们谈话谈得太多，误了工作。许先生怎样离开家的，怎样到天津读书的，在女师大读书时怎样做了家庭教师。她去考家庭教师的那一段描写，非常有趣，只取一名，可是考了好几十名，她之能够当选算是难的了。指望对于学费有一点补助，冬天来了，北平又冷，那家离学校又远，每月除了车子钱之外，若伤风感冒还得自己拿出买阿司匹林的钱来，每月薪金十元要从西城跑到东城……

饺子煮好，一上楼梯，就听到楼上明朗的鲁迅先生的笑声冲下楼梯来，原来有几个朋友在楼上也正谈得热闹。那一天吃得是很好的。

以后我们又做过韭菜合子，又做过荷叶饼，我一提议鲁迅先生必然赞成，而我做得又不好，可是鲁迅先生还是在饭桌上举着筷子问许先生："我再吃几个吗？"

因为鲁迅先生的胃不大好，每饭后必吃"脾自美"药丸一二粒。

有一天下午，鲁迅先生正在校对着一本别人的著作，我一走进卧室去，从那圆转椅上鲁迅先生转过来了，向着我，还微微站起了一点。

"好久不见，好久不见。"一边说着一边向我点头。

刚刚我不是来过了吗？怎么会好久不见？就是上午我来的那次周先生忘记了，可是我也每天来呀……怎么都忘记了吗？

周先生转身坐在躺椅上才自己笑起来，他是在开着玩笑。

梅雨季，很少有晴天，一天的上午刚一放晴，我高兴极了，就到鲁迅先生家去了，跑得上楼还喘着。鲁迅先生说："来啦！"我说："来啦！"

我喘着连茶也喝不下。

鲁迅先生就问我：

"有什么事吗？"

我说："天晴啦，太阳出来啦。"

许先生和鲁迅先生都笑着，一种对于冲破忧郁心境的崭然的会心的笑。

海婴一看到我非拉我到院子里和他一道玩不可，拉我的头发或拉我的衣裳。

为什么他不拉别人呢？据周先生说："他看你梳着辫子，和他差不多，别人在他眼里都是大人，就看你小。"

许先生问着海婴："你为什么喜欢她呢？不喜欢别人？"

"她有小辫子。"说着就来拉我的头发。

鲁迅先生家里生客人很少，几乎没有，尤其是住在他家里的人更没有。一个礼拜六的晚上，在二楼上鲁迅先生的卧室里摆好了晚饭，围着桌子坐满了人。每逢礼拜六晚上都是这样的，周建人先生带着全家来拜访的。在桌子边坐着一个很瘦的很高的穿着中国小背心的人，鲁迅先生介绍说："这是一位同乡，是商人。"

初看似乎对的，穿着中国裤子，头发剃得很短。当吃饭时他还让别人酒，也给我倒一盅，态度很活泼，不大像个商人；等吃完了饭，又谈到《伪自由书》及《二心集》。这个商人，开明得很，在中国不常见。没有见过的，就总不大放心。

下一次是在楼下客厅后的方桌上吃晚饭。那天很晴，一阵阵地刮着热风，虽然黄昏了，客厅后还不昏黑。鲁迅先生是新剪的头发，还能记得桌上有一碗黄花鱼，大概是顺着鲁迅先生的口味，是用油煎的。鲁迅先生前面摆着一碗酒，酒碗是扁扁的，好像用做吃饭的饭碗。那位商人先生也能喝酒，酒瓶就站在他的旁边。他说蒙古人什么样，苗人什么样，从西藏经过时，那西藏女人见了男人追她，她就如何如何。

这商人可真怪，怎么专门走地方，而不做买卖？并且鲁迅先生的书他也全读过，一开口这个，一开口那个。并且海婴叫他 X 先生，我一听那 X 字就明白他是谁了。X 先生常常回来得很迟，从鲁迅先生家里出来，在弄堂里遇到了几次。

有一天晚上 X 先生从三楼下来，手里提着小箱子，身上穿着长袍子，站在鲁迅先生的面前，他说他要搬了。他告了辞，许先生送他下楼去了。这时候周先生在地板上绕了两个圈子，问我说：

"你看他到底是商人吗？"

"是的。"我说。

鲁迅先生很有意思地在地板上走几步，而后向我说："他是贩卖私货的商人，是贩卖精神上的……"

X 先生走过二万五千里回来的。

青年人写信，写得太草率，鲁迅先生是深恶痛绝之的。

"字不一定要写得好，但必须得使人一看了就认识，青年人现在都太忙了……他自己赶快胡乱写完了事，别人看了三遍五遍看不明白，这费了多少工夫，他不管。反正这费的工夫不是他的。这存心是不太好的。"

但他还是展读着每封由不同角落里投来的青年的信，眼睛不济时，便戴起眼镜来看，常常看到夜里很深的时光。

珂勒惠支的画，鲁迅先生最佩服，同时也很佩服她的做人。珂勒惠支受希特勒的压迫，不准她做教授，不准她画画，鲁迅先生常讲到她。

史沫特莱，鲁迅先生也讲到，她是美国女子，帮助印度独立运动，现在又在援助中国。

鲁迅先生介绍给人去看的电影：《夏伯阳》《复仇艳遇》……其余的如《人猿泰山》……或者非洲的怪兽这一类的影片，也常介绍给人的。鲁迅先生说："电影没有什么好看的，看看鸟兽之类倒可以增加些对于动物的知识。"

鲁迅先生不游公园，住在上海十年，兆丰公园没有进过，虹口公园这么近也没有进过。春天一到了，我常告诉周先生，我说公园里的土松软了，公园里的风多么柔和，周先生答应选个晴好的天气，选个礼拜日，海婴休假日，好一道去，坐一乘小汽车一直开到兆丰公园，也算是短途旅行，但这只是想着而未有做到，并且把公园给下了定义，鲁迅先生说："公园的样子我知道的……一进门分做两条路，一条通左边，一条通右边，沿着路种着点柳树什么的，树下摆着几张长椅子，再远一点有个水池子。"

我是去过兆丰公园，也去过虹口公园或是法国公园的，仿佛这个定义适用在任何国度的公园设计者。

鲁迅先生不戴手套，不围围巾，冬天穿着黑土蓝的棉布袍子，头上戴着灰色毡帽，脚穿黑帆布胶皮底鞋。

胶皮底鞋夏天特别热，冬天又凉又湿，鲁迅先生的身体不算好，大家都提议把这鞋子换掉。鲁迅先生不肯，他说胶皮底鞋子走路方便。

"周先生一天走多少路呢？也不就一转弯到 XX 书店走一趟吗？"

鲁迅先生笑而不答。

"周先生不是很好伤风吗？不围巾子，风一吹不就伤风了吗？"

鲁迅先生这些个都不习惯，他说：

"从小就没戴过手套围巾，戴不惯。"

鲁迅先生一推开门从家里出来时，两只手露在外边，很宽的袖口冲着风就向前走，腋下挟着个黑绸子印花的包袱，里边包着书或者是信，到老靶子路书店去了。

那包袱每天出去必带出去，回来必带回来。出去时带着回给青年们的信，回来又从书店带来新的信和青年请鲁迅先生看的稿子。

鲁迅先生抱着印花包袱从外边回来，还提着一把伞，一进门客厅里早坐着客人，把伞挂在衣架上就陪客人谈起话来。谈了很久了，伞上的水滴顺着伞杆在地板上已经聚了一堆水。

鲁迅先生上楼去拿香烟，抱着印花包袱，而那把伞也没有忘记，顺手也带到楼上去。

鲁迅先生的记忆力非常之强，他的东西从不随便散置在任何地方。

鲁迅先生很喜欢北方口味。许先生想请一个北方厨子，鲁迅先生以为开销太大，请不得的，男佣人，至少要十五元钱的工钱。

所以买米买炭都是许先生下手，我问许先生为什么用两个女佣人都是年老的，都是六七十岁的？许先生说她们做惯了，海婴的保姆，海婴几个月时就在这里。

正说着那矮胖胖的保姆走下楼梯来了，和我们打了个迎面。

"先生，没吃茶吗？"她赶快拿了杯子去倒茶，那刚刚下楼时气喘的声音还在喉管里咕噜咕噜的，她确是年老了。

来了客人，许先生没有不下厨房的，菜食很丰富，鱼，肉……都是用大碗装着，起码四五碗，多则七八碗。可是平常就只三碗菜：一碗素炒豌豆苗，一碗笋炒咸菜，再一碗黄花鱼。

这菜简单到极点。

鲁迅先生的原稿，在拉都路一家炸油条的那里用着包油条，我得到了一张，是译《死魂灵》的原稿，写信告诉了鲁迅先生，鲁迅先生不以为稀奇。许先生倒很生气。

鲁迅先生出书的校样，都用来揩桌子，或做什么的。请客人在家里吃饭，吃到半道，鲁迅先生回身去拿来校样给大家分着，客人接到手里一看，这怎么可以？鲁迅先生说：

"擦一擦，拿着鸡吃，手是腻的。"

到洗澡间去，那边也摆着校样纸。

许先生从早晨忙到晚上，在楼下陪客人，一边还手里打着毛线。不然就是一边谈着话一边站起来用手摘掉花盆里花上已干枯了的叶子。许先生每送一个客人，都要送到楼下的门口，替客人把门开开，客人走出去而后轻轻地关了门再上楼来。

来了客人还要到街上去买鱼或鸡，买回来还要到厨房里去工作。

鲁迅先生临时要寄一封信，就得许先生换起皮鞋子来到邮局或者大陆新村旁边的信筒那里去。落着雨的天，许先生就打起伞来。

许先生是忙的，许先生的笑是愉快的，但是头发有些是白了的。

夜里去看电影，施高塔路的汽车房只有一辆车，鲁迅先生一定不坐，一定让我们坐。许先生，周建人夫人……海婴，周建人先生的三位女公子。我们上车了。

鲁迅先生和周建人先生，还有别的一二位朋友在后边。

看完了电影出来，又只叫到一部汽车，鲁迅先生又一定不肯坐，让周建人先生的全家坐着先走了。

鲁迅先生旁边走着海婴，过了苏州河的大桥去等电车去了。等了二三十分钟电车还没有来，鲁迅先生依着沿苏州河的铁栏杆坐在桥边的石围上了，并且拿出香烟来，装上烟嘴，悠然地吸着烟。

海婴不安地来回乱跑，鲁迅先生还招呼他和自己并排地坐下。

鲁迅先生坐在那儿和一个乡下的安静老人一样。

鲁迅先生吃的是清茶，其余不吃别的饮料。咖啡、可可、牛奶、汽水之类，家里都不预备。

鲁迅先生陪客人到夜深，必同客人一道吃些点心，那饼干就是从铺子里买来的，装在饼干盒子里，到夜深许先生拿着碟子取出来，摆在鲁迅先生的书桌上。吃完了，许先生打开立柜再取一碟，还有向日葵子差不多每来客人必不可少。鲁迅先生一边抽着烟，一边剥着瓜子吃，吃完了一碟鲁迅先生必请许先生再拿一碟来。

鲁迅先生备有两种纸烟，一种价钱贵的，一种便宜的。便宜的是绿听子的，我不认识那是什么牌子，只记得烟头上带着黄纸的嘴，每五十枝的价钱大概是四角到五角，是鲁迅先生自己平日用的。另一种是白听子的，是前门烟，用来招待客人的，白烟听放在鲁迅先生书桌的抽屉里。来客人鲁迅先生下楼，把它带到楼下去，客人走了，又带回楼上来照样放在抽屉里。而绿听子的永远放在书桌上，是鲁迅先生随时吸着的。

鲁迅先生的休息，不听留声机，不出去散步，也不倒在床上睡觉，鲁迅先生自己说：

"坐在椅子上翻一翻书就是休息了。"

鲁迅先生从下午两三点钟起就陪客人，陪到五点钟，陪到六点钟，客人若在家吃饭，吃过饭又必要在一起喝茶，或者刚刚喝完茶走了，或者还没走就又来了客人，于是又陪下去，陪到八点钟，十点钟，常常陪到十二点钟。从下午两三点钟起，陪到夜里十二点，这么长的时间，鲁迅先生都是坐在藤躺椅上，不断地吸着烟。

客人一走，已经是下半夜了，本来已经是睡觉的时候了，可是鲁迅先生正要开始工作。在工作之前，他稍微阖一阖眼睛，燃起一支烟来，躺在床边上，这一支烟还没有吸完，许先生差不多就在床里边睡着了（许先生为什么睡得这样快？因为第二天早晨六七点钟就要起来管理家务）。海婴这时也在三楼和保姆一道睡着了。

全楼都寂静下去，窗外也是一点声音没有了，鲁迅先生站起来，坐到书桌边，在那绿色的台灯下开始写文章了。

许先生说鸡鸣的时候，鲁迅先生还是坐着，街上的汽车嘟嘟地叫起来了，鲁迅先生还是坐着。

有时许先生醒了，看着玻璃窗白萨萨的了，灯光也不显得怎样亮了，鲁迅先生的背影不像夜里那样黑大。

鲁迅先生的背影是灰黑色的，仍旧坐在那里。

人家都起来了，鲁迅先生才睡下。

海婴从三楼下来，背着书包，保姆送他到学校去，经过鲁迅先生的门前，保姆总是吩咐他说：

"轻一点走，轻一点走。"

鲁迅先生刚一睡下，太阳就高起来了。太阳照着隔院子的人家，明亮亮的；照着鲁迅先生花园的夹竹桃，明亮亮的。

鲁迅先生的书桌整整齐齐的，写好的文章压在书下边，毛笔在烧瓷的小龟背上站着。

一双拖鞋停在床下，鲁迅先生在枕头边睡着了。

鲁迅先生喜欢吃一点酒，但是不多吃，吃半小碗或一碗。鲁迅先生吃的是中国酒，多半是花雕。

鬼到底是有的是没有的？传说上有人见过，还跟鬼说过话，还有人被鬼在后边追赶过，吊死鬼一见了人就贴在墙上。但没有一个人捉住一个鬼给大家看看。

鲁迅先生讲了他看见过鬼的故事给大家听：

"是在绍兴……"鲁迅先生说，"三十年前……"

那时鲁迅先生从日本读书回来，在一个师范学堂里也不知是什么学堂里教书，晚上没有事时，鲁迅先生总是到朋友家去谈天。这朋友住得离学堂几里路，几里路不算远，但必得经过一片坟地。谈天有的时候就谈得晚了，十一二点钟才回学堂的事也常有。有一天鲁迅先生就回去得很晚，天空有很大的月亮。

鲁迅先生向着归路走得很起劲时，往远处一看，远远有一个白影。

鲁迅先生不相信鬼的，在日本留学时是学的医，常常把死人抬来解剖的，鲁迅先生解剖过二十几个，不但不怕鬼，对死也不怕，所以对于坟地也就根本不怕。仍旧是向前走的。

走了不几步，那远处的白影没有了，再看突然又有了。并且时小时大，时高时低，正和鬼一样。鬼不就是变幻无常的吗？

鲁迅先生有点踌躇了，到底向前走呢，还是回过头来走？本来回学堂不止这一条路，这不过是最近的一条就是了。

鲁迅先生仍是向前走，到底要看一看鬼是什么样，虽然那时候也怕了。

鲁迅先生那时从日本回来不久，所以还穿着硬底皮鞋。鲁迅先生决心要给那鬼一个致命的打击。等走到那白影的旁边时，那白影缩小了，蹲下了，一声不响地靠住了一个坟堆。

鲁迅先生就用了他的硬皮鞋踢出去。

那白影噢的一声叫出来，随着就站起来，鲁迅先生定眼看去，他却是个人。

鲁迅先生说在他踢的时候，他是很害怕的，好像若一下不把那东西踢死，自己反而会遭殃的，所以用了全力踢出去。

原来是个盗墓子的人在坟场上半夜做着工作。

鲁迅先生说到这里就笑了起来。

"鬼也是怕踢的，踢他一脚就立刻变成人了。"

我想，倘若是鬼常常让鲁迅先生踢踢倒是好的，因为给了他一个做人的机会。

从福建菜馆叫的菜，有一碗鱼做的丸子。

海婴一吃就说不新鲜，许先生不信，别的人也都不信。因为那丸子有的新鲜，有的不新鲜，别人吃到嘴里的恰好都是没有改味的。

许先生又给海婴一个，海婴一吃，又是不好的，他又嚷嚷着。别人都不注意，鲁迅先生把海婴碟里的拿来尝尝。果然是不新鲜的。鲁迅先生说：

"他说不新鲜，一定也有他的道理，不加以查看就抹杀是不对的。"

以后我想起这件事来，私下和许先生谈过，许先生说："周先生的做人，真是我们学不了的。那怕一点点小事。"

鲁迅先生包一个纸包也要包到整整齐齐，常常把要寄出的书，鲁迅先生从许先生手里拿过来自己包。许先生本来包得多么好，而鲁迅先生还要亲自动手。

鲁迅先生把书包好了，用细绳捆上，那包方方正正的，连一个角也不准歪一点或扁一点，而后拿起剪刀，把捆书的那绳头都剪得整整齐齐。

就是包这书的纸都不是新的，都是从街上买东西回来留下来的。许先生上街回来把买来的东西一打开随手就把包东西的牛皮纸折起来，随手把小细绳圈了一个圈，若小细绳上有一个疙瘩，也要随手把它解开的。准备着随时用随时方便。

鲁迅先生住的是大陆新村九号。

一进弄堂口，满地铺着大方块的水门汀，院子里不怎样嘈杂，从这院子出入的有时候是外国人，也能够看到外国小孩在院子里零星地玩着。

鲁迅先生隔壁挂着一块大的牌子，上面写着一个"茶"字。

在一九三五年十月一日。

鲁迅先生的客厅摆着长桌，长桌是黑色的，油漆不十分新鲜，但也并不破旧，桌上没有铺什么桌布，只在长桌的当心摆着一个绿豆青色的花瓶，花瓶里长着几株大叶子的万年青。围着长桌有七八张木椅子。尤其是在夜里，全弄堂一点什么声音也听不到。

那夜，就和鲁迅先生和许先生一道坐在长桌旁边喝茶的。当夜谈了许多关于伪满洲国的事情，从饭后谈起，一直谈到九点钟十点钟而后到十一点钟，时时想退出来，让鲁迅先生好早点休息，因为我看出来鲁迅先生身体不大好，又加上听许先生说过，鲁迅先生伤风了一个多月，刚好了的。

但是鲁迅先生并没有疲倦的样子。虽然客厅里也摆着一张可以卧倒的藤椅，我们劝他几次想让他坐在藤椅上休息一下，但是他没有去，仍旧坐在椅子上。并且还上楼一次，去加穿了一件皮袍子。

那夜鲁迅先生到底讲了些什么，现在记不起来了。也许想起来的不是那夜讲的而是以后讲的也说不定。过了十一点，天就落雨了，雨点淅沥淅沥地打在玻璃窗上，窗子没有窗帘，所以偶一回头，就看到玻璃窗上有小水流往下流。夜已深了，并且落了雨，心里十分着急，几次站起来想要走，但是鲁迅先生和许先生一再说坐一下："十二点钟以前终归有车子可搭的。"所以一直坐到将近十二点，才穿起雨衣来，打开客厅外面的响着的铁门，鲁迅先生非要送到铁门外不可。我想为什么他一定要送呢？对于这样年轻的客人，这样的送是应该的么？雨不会打湿了头发，受了寒伤风不又要继续下去么？站在铁门外边，鲁迅先生说，并且指着隔壁那家写着有"茶"字的大牌子："下次来记住这个'茶'，就是这个'茶'的隔壁。"而且伸出手去，几乎是触到了钉在铁门旁边的那个九号的"九"字，"下次来记住茶的旁边九号。"

于是脚踏着方块的水门汀，走出弄堂来，回过身去往院子里边看了一看，鲁迅先生那一排房子统统是黑洞洞的，若不是告诉得那样清楚，下次来恐怕要记不住的。

鲁迅先生的卧室，一张铁架大床，床顶上遮着许先生亲手做的白布刺花的围子，顺着床的一边折着两床被子，都是很厚的，是花洋布的被面。挨着门口的床头的方面站着屉柜。一进门的左手摆着八仙桌，桌子的两旁藤椅各一，立柜站在和方桌一排的墙角，立柜本是挂衣裳的，衣裳却很少，都让糖盒子，饼干筒子，瓜子罐给塞满了，有一次 XX 老板的太太来拿版权的图章花，鲁迅先生就从立柜下边大抽屉里取出的。沿着墙角

171

往窗子那边走，有一张装饰台，台子上有一个方形的满浮着绿草的玻璃养鱼池，里边游着的不是金鱼而是灰色的扁肚子的小鱼。除了鱼池之外另有一只圆的表，其余那上边满装着书。铁架床靠窗子的那头的书柜里书柜外都是书。最后是鲁迅先生的写字台，那上边也都是书。

鲁迅先生家里，从楼上到楼下，没有一个沙发，鲁迅先生工作时坐的椅子是硬的，休息时的藤椅是硬的，到楼下陪客人时坐的椅子又是硬的。

鲁迅先生的写字台面向着窗子，上海弄堂房子的窗子差不多满一面墙那么大，鲁迅先生把它关起来，因为鲁迅先生工作起来有一个习惯，怕吹风，他说，风一吹，纸就动，时时防备着纸跑，文章就写不好。所以屋子热得和蒸笼似的，请鲁迅先生到楼下去，他又不肯，鲁迅先生的习惯是不换地方。有时太阳照进来，许先生劝他把书桌移开一点都不肯。只有满身流汗。

鲁迅先生的写字桌，铺了一张蓝格子的油漆布，四角都用图钉按着。桌子上有小砚台一方，墨一块，毛笔站在笔架上，笔架是烧瓷的，（在我看来不很细致，是一个龟，龟背上带着好几个洞，笔就插在那洞里。）鲁迅先生多半是用毛笔的，钢笔也不是没有，是放在抽屉里。桌上有一个方大的白瓷的烟灰盒，还有一个茶杯，杯子上戴着盖。

鲁迅先生的习惯与别人不同，写文章用的材料和来信都压在桌子上，把桌子都压得满满的，几乎只有写字的地方可以伸开手，其余桌子的一半被书或纸张占有着。

左手边的桌角上有一个带绿灯罩的台灯，那灯泡是横着装的，在上海那是极普通的台灯。

冬天在楼上吃饭，鲁迅先生自己拉着电线把台灯的机关从棚顶的灯头上拔下，而后装上灯泡子。等饭吃过了，许先生再把电线装起来，鲁迅先生的台灯就是这样做成的，拖着一根长的电线在棚顶上。

鲁迅先生的文章，多半是在这台灯下写的。因为鲁迅先生的工作时间，多半是在下半夜一两点起，天将明了休息。

卧室就是如此，墙上挂着海婴公子一个月婴孩的油画像。

挨着卧室的后楼里边，完全是书了，不十分整齐，报纸和杂志或洋装的书，都混在这屋子里，一走进去多少还有些纸张气味，地板被书遮盖得太小了，几乎没有了，大网篮也堆在书中。墙上拉着一条绳子或者是铁丝，就在那上边系了小提盒、铁丝笼之类。风干荸荠就盛在铁丝笼里，扯着的那铁丝几乎被压断了在弯弯着。一推开藏书室的窗子，窗子外边还挂着一筐风干荸荠。

"吃罢，多得很，风干的，格外甜。"许先生说。

楼下厨房传来了煎菜的锅铲的响声，并且两个年老的娘姨慢重重地在讲一些什么。

来了客人都是许先生亲自倒茶，即或是麻烦到娘姨时，也是许先生下楼去吩咐，绝没有站到楼梯口就大声呼唤的时候。所以整个的房子都在静悄悄之中。

只有厨房比较热闹了一点，自来水花花地流着，洋瓷盆在水门汀的水池子上每拖一下磨着嚓嚓地响，洗米的声音也是嚓嚓的。鲁迅先生很喜欢吃竹笋的，在菜板上切着笋片笋丝时，刀刃每划下去都是很响的。其实比起别人家的厨房来却冷清极了，所以洗米声和切笋声都分开来听得样样清清晰晰。

客厅的一边摆着并排的两个书架，书架是带玻璃橱的，里面有朵斯托益夫斯基的全集和别的外国作家的全集，大半多是日文译本。地板上没有地毯，但擦得非常干净。

海婴公子的玩具橱也站在客厅里，里边是些毛猴子、橡皮人、火车汽车之类，里边装得满满的，别人是数不清的，只有海婴自己伸手到里边找什么就有什么。过新年时在街上买的兔子灯，纸毛上已经落了灰尘了，仍摆在玩具橱顶上。

客厅只有一个灯头，大概五十烛光，客厅的后门对着上楼的楼梯，前门一打开有一个一方丈大小的花园，花园里没有什么花看，只有一棵很高的七八尺高的小树，大概那树是柳桃，一到了春天，喜欢生长蚜虫，忙得许先生拿着喷蚊虫的机器，一边陪着谈话，一边喷着杀虫药水。沿了墙根，种了一排玉米，许先生说："这玉米长不大的，这土是没有养料的，海婴一定要种。"

春天，海婴在花园里掘着泥沙，培植着各种玩艺。

三楼则特别静了，向着太阳开着两扇玻璃门，门外有一个水门汀的突出的小廊子，春天很温暖地抚摸着门口长垂着的帘子，有时候帘子被风打得很高，飘扬的饱满得和大鱼泡似的，那时候隔院的绿树照进玻璃门扇里来了。

海婴坐在地板上装着小工程师在修着一座楼房，他那楼房是用椅子横倒了架起来修的，而后遮起一张被单来算做屋瓦，全个房子在他自己拍着手的赞誉声中完成了。

这间屋感到些空旷和寂寞，既不像女工住的屋子，又不像儿童室。海婴的眠床靠着屋子的一边放着，那大圆顶帐子日里也不打起来，长拖拖的好像从棚顶一直垂到地板上，那床是非常讲究的，属于刻花的木器一类的。许先生讲过，租这房子时，从前一个房客转留下来的。海婴和他的保姆，就睡在五六尺宽的大床上。

冬天烧过的火炉，三月里还冷冰冰地在地板上站着。

海婴不大在三楼上玩的，除了到学校去，就是在院子里踏脚踏车，他非常喜欢跑跳，所以厨房，客厅，二楼，他是无处不跑的。

三楼整天在高处空着，三楼的后楼住着另一个老女工，一天很少上楼来，所以楼梯擦过之后，一天到晚干净得溜明。

一九三六年三月里鲁迅先生病了，靠在二楼的躺椅上，心脏跳动得比平日厉害，脸色略微灰了一点。

许先生正相反的，脸色是红的，眼睛显得大了，讲话的声音是平静的，态度并没有比平日慌张。在楼下，一走进客厅来许先生就告诉说：

"周先生病了，气喘……喘得厉害，在楼上靠在躺椅上。"

鲁迅先生呼喘的声音，不用走到他的旁边，一进了卧室就听得到的。鼻子和胡须在扇着，胸部一起一落。眼睛闭着，差不多永久不离开手的纸烟，也放弃了。藤躺椅后边靠着枕头，鲁迅先生的头有些向后，两只手空闲地垂着。眉头仍和平日一样没有聚皱，脸上是平静的，舒展的，似乎并没有任何痛苦加在身上。

"来了吗？"鲁迅先生睁一睁眼睛，"不小心，着了凉……呼吸困难……到藏书的房子去翻一翻书……那房子因为没有人住，特别凉……回来就……"

许先生看周先生说话吃力，赶快接着说周先生是怎样气喘的。

医生看过了，吃了药，但喘并未停，下午医生又来过，刚刚走。

卧室在黄昏里边一点一点地暗下去，外边起了一点小风，隔院的树被风摇着发响。别人家的窗子有的被风打着发出自动关的响声，家家的流水道都是哗啦哗啦地响着水声，一定是晚餐之后洗着杯盘的剩水。晚餐后该散步的散步去了，该会朋友的会友去了，弄堂里来去的稀疏不断地走着人，而娘姨们还没有解掉围裙呢，就依着后门彼此搭讪起来。小孩子们三五一伙前门后门地跑着，弄堂外汽车穿来穿去。

鲁迅先生坐在躺椅上，沉静地，不动地阖着眼睛，略微灰了的脸色被炉里的火光染红了一点。纸烟听子蹲在书桌上，盖着盖子，茶杯也蹲在桌子上。

许先生轻轻地在楼梯上走着，许先生一到楼下去，二楼就只剩了鲁迅先生一个人坐在椅子上，呼喘把鲁迅先生的胸部有规律性地抬得高高的。

鲁迅先生必得休息的。须藤老医生是这样说的。可是鲁迅先生从此不但没有休息，并且脑子里所想的更多了，要做的事情都像非立刻就做不可，校《海上述林》的校样，印珂勒惠支的画，翻译《死魂灵》下部；刚好了，这些就都一起开始了，还计算着出三十年集（即《鲁迅全集》）。

鲁迅先生感到自己的身体不好，就更没有时间注意身体，所以要多做，赶快做。当时大家不解其中的意思，都以为鲁迅先生不加以休息不以为然，后来读了鲁迅先生《死》的那篇文章才了然了。

鲁迅先生知道自己的健康不成了，工作的时间没有几年了，死了是不要紧的，只要留给人类更多，鲁迅先生就是这样。

不久书桌上德文字典和日文字典又都摆起来了，果戈里的《死魂灵》又开始翻译了。

鲁迅先生的身体不大好，容易伤风，伤风之后，照常要陪客人，回信，校稿子。所以伤风之后总要拖下去一个月或半个月的。

《海上述林》校样，一九三五年冬，一九三六年的春天，鲁迅先生不断地校着，几十万字的校样，要看三遍，而印刷所送校样来总是十页八页的，并不是统统一道地送来，所以鲁迅先生不断地被这校样催索着，鲁迅先生竟说：

"看吧，一边陪着你们谈话，一边看校样的，眼睛可以看，耳朵可以听……"

有时客人来了，一边说着笑话，一边鲁迅先生放下了笔。有的时候也说："就剩几个字了……请坐一坐……"

一九三五年冬天许先生说：

"周先生的身体不如从前了。"

有一次鲁迅先生到饭馆里去请客，来的时候兴致很好，还记得那次吃了一只烤鸭子，整个的鸭子用大钢叉子叉上来时，大家看着这鸭子烤得又油又亮的，鲁迅先生也笑了。

菜刚上满了，鲁迅先生就到竹躺椅上吸一支烟，并且阖一阖眼睛。一吃完了饭，有的喝多了酒的，大家都乱闹了起来，彼此抢着苹果，彼此讽刺着玩，说着一些刺人可笑的话，而鲁迅先生这时候，坐在躺椅上，阖着眼睛，很庄严地在沉默着，让拿在手上纸烟的烟丝，慢慢地上升着。

别人以为鲁迅先生也是喝多了酒吧！

许先生说，并不是的。

"周先生的身体是不如从前了，吃过了饭总要阖一阖眼稍微休息一下，从前一向没有这习惯。"

周先生从椅子上站起来了，大概说他喝多了酒的话让他听到了。

"我不多喝酒的。小的时候，母亲常提到父亲喝了酒，脾气怎样坏，母亲说，长大了不要喝酒，不要像父亲那样子……所以我不多喝的……从来没有喝醉过……"

鲁迅先生休息好了，换了一支烟，站起来也去拿苹果吃，可是苹果没有了。鲁迅先生说：

"我争不过你们了，苹果让你们抢没了。"

有人抢到手的还在保存着的苹果，奉献出来，鲁迅先生没有吃，只在吸烟。

一九三六年春，鲁迅先生的身体不大好，但没有什么病，吃过了晚饭，坐在躺椅上，总要闭一闭眼睛沉静一会。

许先生对我说，周先生在北京时，有时开着玩笑，手按着桌子一跃就能够跃过去，而近年来没有这么做过，大概没有以前那么灵便了。

这话许先生和我是私下讲的，鲁迅先生没有听见，仍靠在躺椅上沉默着呢。

许先生开了火炉的门，装着煤炭哗哗地响，把鲁迅先生震醒了。一讲起话来鲁迅先生的精神又照常一样。

鲁迅先生吃饭，是在楼上单开一桌，那仅仅是一个方木盘，许先生每餐亲手端到楼上去，那黑油漆的方木盘中摆着三四样小菜，每样都用小吃碟盛着，那小吃碟直径不过二寸，一碟豌豆苗或菠菜或苋菜，把黄花鱼或者鸡之类也放在小碟里端上楼去。若是鸡，那鸡也是全鸡身上最好的一块地方拣下来的肉；若是鱼，也是鱼身上最好一部分许先生才把它拣下放在小碟里。

许先生用筷子来回地翻着楼下的饭桌上菜碗里的东西，菜拣嫩的，不要茎，只要叶，鱼肉之类，拣烧得软的，没有骨头没有刺的。

心里存着无限的期望，无限的要求，用了比祈祷更虔诚的目光，许先生看着她自己手里选得精精致致的菜盘子，而后脚板触着楼梯上了楼。

希望鲁迅先生多吃一口，多动一动筷，多喝一口鸡汤。鸡汤和牛奶是医生所嘱的，一定要多吃一些的。

把饭送上去，有时许先生陪在旁边，有时走下楼来又做些别的事，半个钟头之后，到楼上去取这盘子。这盘子装得满满的，有时竟照原样一动也没有动又端下来了。这时许先生的眉头微微地皱了一点。旁边若有什么朋友，许先生就说："周先生的热度高，什么也吃不落，连茶也不愿意吃，人很苦，人很吃力。"

有一天许先生用着波浪式的专门切面包的刀切着一个面包，是在客厅后边方桌上切的，许先生一边切着一边对我说：

"劝周先生多吃些东西，周先生说，人好了再保养，现在勉强吃也是没用的。"

许先生接着似乎问着我：

"这也是对的。"

而后把牛奶面包送上楼去了。一碗烧好的鸡汤，从方盘里许先生把它端出来了。就摆在客厅后的方桌上。许先生上楼去了，那碗热的鸡汤在桌子上自己悠然地冒着热气。

许先生由楼上回来还说呢：

"周先生平常就不喜欢吃汤之类，在病里，更勉强不下了。"

（那已经送上去的一碗牛奶又带下来了。）

许先生似乎安慰着自己似的：

"周先生人强，欢喜吃硬的，油炸的，就是吃饭也喜欢吃硬饭……"

许先生楼上楼下地跑，呼吸有些不平静，坐在她旁边，似乎可以听到她心脏的跳动。

鲁迅先生开始独桌吃饭以后，客人多半不上楼来了，经许先生婉言把鲁迅先生健康的经过报告了之后就走了。

鲁迅先生在楼上一天一天地睡下去，睡了许多日子就有些寂寞了，有时大概热度低了点就问许先生：

"有什么人来过吗？"

看鲁迅先生精神好些，就一一地报告过。

有时也问到有什么刊物来。

鲁迅先生病了一个多月了。

证明了鲁迅先生是肺病，并且是肋膜炎，须藤老医生每天来了，为鲁迅先生先把肋膜积水用打针的方法抽净，共抽过两三次。

这样的病，为什么鲁迅先生自己一点也不晓得呢？许先生说，周先生有时觉得肋痛了就自己忍着不说，所以连许先生也不知道，鲁迅先生怕别人晓得了又要不放心，又要看医生，医生一定又要说休息。鲁迅先生自己知道做不到的。

福民医院美国医生的检查，说鲁迅先生肺病已经二十年了。这次发了怕是很严重。

医生规定个日子，请鲁迅先生到福民医院去详细检查，要照 X 光的。

但鲁迅先生当时就下楼是下不得的，又过了许多天，鲁迅先生到福民医院去查病去了。照 X 光后给鲁迅先生照了一个全部的肺部的照片。

这照片取来的那天，许先生在楼下给大家看了，右肺的上尖角是黑的，中部也黑了一块，左肺的下半部都不大好，而沿着左肺的边边黑了一大圈。

这之后，鲁迅先生的热度仍高，若再这样热度不退，就很难抵抗了。

那查病的美国医生，只查病，而不给药吃，他相信药是没有用的。

须藤老医生，鲁迅先生早就认识，所以每天来，他给鲁迅先生吃了些退热的药，还吃停止肺部菌活动的药。他说若肺不再坏下去，就停止在这里，热自然就退了，人是不危险的。

鲁迅先生在四月里，曾经好了一点，有一天下楼去赴一个约会，把衣裳穿得整整齐齐，腋下挟着黑花包袱，戴起帽子来，出门就走。

许先生在楼下正陪客人，看鲁迅先生下来了，赶快说：

"走不得吧，还是坐车子去吧？"

鲁迅先生说："不要紧，走得动的。"

许先生再加以劝说，又去拿零钱给鲁迅先生带着。

鲁迅先生说不要不要，坚决地就走了。

"鲁迅先生的脾气很刚强。"

许先生无可奈何地，只说了这一句。

鲁迅先生晚上回来，热度增高了。

鲁迅先生说：

"坐车子实在麻烦，没有几步路，一走就到。还有，好久不出去，愿意走走……动一动就出毛病……还是动不得……"

病压服着鲁迅先生又躺下了。

七月里，鲁迅先生又好些。

药每天吃，记温度的表格照例每天好几次在那里画。老医生还是照常地来，说鲁迅先生就要好起来了，说肺部的菌已停止了一大半，肋膜也好了。

客人来差不多都要到楼上来拜望拜望，鲁迅先生带着久病初愈的心情，又谈起话来，披了一张毛巾子坐在躺椅上，纸烟又拿在手里了，又谈翻译，又谈某刊物。

一个月没有上楼去，忽然上楼还有些心不安，我一进卧室的门，觉得站也没有地方站，坐也不知坐在那里。

许先生让我吃茶，我就倚着桌子边站着，好像没有看见那茶杯似的。

鲁迅先生大概看出我的不安来了，便说：

"人瘦了，这样瘦是不成的，要多吃点。"

鲁迅先生又在说玩笑话了。

"多吃就胖了，那么周先生为什么不多吃点？"

鲁迅先生听了这话就笑了，笑声是明朗的。

从七月以后鲁迅先生一天天地好起来了，牛奶、鸡汤之类，为了医生所嘱也隔三差五地吃着，人虽是瘦了，但精神是好的。

鲁迅先生说自己体质的本质是好的，若差一点的，就让病打倒了。

这一次鲁迅先生保持了很长的时间，没有下楼更没有到外边去过。

在病中，鲁迅先生不看报，不看书，只是安静地躺着。但有一张小画是鲁迅先生放在床边上不断看着的。

那张画，鲁迅先生未生病时，和许多画一道拿给大家看过的，小得和纸烟包里抽出来的那画片差不多。那上边画着一个穿大长裙子飞着头发的女人在大风里边跑，在她旁边的地面上还有小小的红玫瑰花的花朵。

记得是一张苏联某画家着色的木刻。

鲁迅先生有很多画，为什么只选了这张放在枕边？

许先生告诉我的，她也不知道鲁迅先生为什么常常看这小画。

有人来问他这样那样的，他说：

"你们自己学着做，若没有我呢！"

这一次鲁迅先生好了。

还有一样不同的，觉得做事要多做……

鲁迅先生以为自己好了，别人也以为鲁迅先生好了。

准备冬天要庆祝鲁迅先生工作三十年。

又过了三个月。

一九三六年十月十七日，鲁迅先生病又发了，又是气喘。

十七日，一夜未眠。

十八日，终日喘着。

十九日的下半夜，人衰弱到极点了。天将发白时，鲁迅先生就像他平日一样，工作完了，他休息了。

回忆鲁迅

郁达夫

鲁迅作故的时候，我正飘流在福建。那一天晚上，刚在南台一家饭馆里吃晚饭，同席的有一位日本的新闻记者，一见面就问我，鲁迅逝世的电报，接到了没有？我听了，虽则大吃了一惊，但总以为是同盟社造的谣。因为不久之前，我曾在上海会过他，我们还约好于秋天同去日本看红叶的。后来虽也听到他的病，但平时晓得他老有因为落夜而致伤风的习惯，所以，总觉得这消息是不可靠的误传。因为得了这一个消息之故，那一天晚上，不待终席我就走了。同时在那一夜里，福建报上，有一篇演讲稿子，也有改正的必要，所以从南台走回城里的时候，我就直上了报馆。

晚上十点钟以后，正是报馆里最忙的时候，我一到报馆，与一位负责的编辑，只讲了几句话，就有位专编国内时事的记者，拿了中央社的电稿，来给我看了；电文却与那一位日本记者所说的一样，说是"著作家鲁迅，于昨晚在沪病故"了。

我于惊愕之余，就在那一张破稿纸上，写了几句电文：

"上海申报转许景宋女士：骤闻鲁迅噩耗，未敢置信，万请节哀，余事面谈。"第二天的早晨，我就踏上了三北公司的靖安轮船，奔回到了上海。

鲁迅的葬事，实在是中国文学史上空前的一座纪念碑，他的葬仪，也可以说是民众对日人的一种示威活动。工人，学生，妇女团体，以前鲁迅生前的知友亲戚，和读他的著作、受他的感化的不相识的男男女女，参加行列的，总有一万人以上。

当时中国各地的民众正在热叫着对日开战，上海的智识分子，尤其是孙夫人蔡先生等旧日自由大同盟的诸位先进，提倡得更加激烈，而鲁迅适当这一个时候去世了，他平时，也是主张对日抗战的，所以民众对于鲁迅的死，就拿来当作了一个非抗战不可的象征；换句话说，就是在把鲁迅的死，看作了日本侵略中国的具体事件之一。在这个时候，在这一种情绪下的全国民众，对鲁迅的哀悼之情，自然可以不言而喻了；所以当时全国所出的刊物，无论哪一种定期或不定期的印刷品上，都充满了哀吊鲁迅的文字。

但我却偏有一种爱冷不感热的特别脾气，以为鲁迅的崇拜者，友人，同事，既有了这许多追悼他的文字与著作，那我这一个渺乎其小的同时代者，正可以不必马上就去铺张些我与鲁迅的关系。在这一个闹热关头，我就是写十万百万字的哀悼鲁迅的文章，于鲁迅之大，原是不能再加上以毫末，而于我自己之小，反更足以多一个证明。因此，我只在《文学》月刊上，写了几句哀悼的话，此外就一字也不提，一直沉默到了现在。

现在哩！鲁迅的《全集》，已经出版了；而全国民众，正在一个绝大的危难底下抖擞。在这伟大的民族受难期间，大家似乎对鲁迅个人的伤悼情绪，减少了些了，我却想来利用余闲，写一点关于鲁迅的回忆。若有人因看了这回忆之故，而去多读一次鲁迅的集子，那就是我对于故人的报答，也就是我所以要写这些断片的本望。

廿七年八月十四日在汉寿

和鲁迅第一次的见面，不知是在哪一年哪一月哪一日，——我对于时日地点，以及人的姓名之类的记忆力，异常的薄弱，人非要遇见至五六次以上，才能将一个人的名氏和一个人的面貌连合起来，记在心里——但地方却记得是在北平西城的砖塔胡同一间坐南朝北的小四合房子里。因为记得那一天天气很阴沉，所以一定是在我去北平，入北京大学教书的那一年冬天，时间仿佛是在下午的三四点钟。若说起那一年的大事情来，却又有史可稽了，就是曹锟贿选成功，做大总统的那一个冬天。

去看鲁迅，也不知是为了什么事情。他住的那一间房子，我却记得很清楚，是在那两座砖塔的东北面，正当胡同正中的地方。一个三四丈宽的小院子，院子里长着三四棵枣树。大门朝北，而住屋——三间上房——却朝正南，是杭州人所说的倒骑龙式的房子。

那时候，鲁迅还在教育部里当佥事，同时也在北京大学里教小说史略。我们谈的话，已经记不起来了，但只记得谈了些北大的教员中间的闲话，和学生的习气之类。

他的脸色很青，胡子是那时候已经有了；衣服穿得很单薄，而身材又矮小，所以看起来像是一个和他的年龄不大相称的样子。

他的绍兴口音，比一般绍兴人所发的来得柔和，笑声非常之清脆，而笑时眼角上的几条小皱纹，却很是可爱。

房间里的陈设，简单得很；散置在桌上、书橱上的书籍，也并不多，但却十分的整洁。桌上没有洋墨水和钢笔，只有一方砚瓦，上面盖着一个红木的盖子。笔筒是没有的，水池却像一个小古董，大约是从头发胡同的小市上买来的无疑。

他送我出门的时候，天色已经晚了，北风吹得很大；门口临别的时候，他不晓说了一句什么笑话，我记得一个人在走回寓舍来的路上，因回忆着他的那一句，满面还带着了笑容。

同一个来访我的学生，谈起了鲁迅。他说："鲁迅虽在冬天，也不穿棉裤，是抑制性欲的意思。他和他的旧式的夫人是不要好的。"因此，我就想起了那天去访问他时，来开门的那一位清秀的中年妇人。她人亦矮小，缠足梳头，完全是一个典

190

型的绍兴太太。

前数年，鲁迅在上海，我和映霞去北戴河避暑回到了北平的时候，映霞曾因好奇之故，硬逼我上鲁迅自己造的那一所西城象鼻胡同后面西三条的小房子里，去看过这中年的妇人。她现在还和鲁迅的老母住在那里，但不知她们在强暴的邻人管制下的生活也过得惯不。

那时候，我住在阜城门内巡捕厅胡同的老宅里。时常来往的，是住在东城禄米仓的张凤举，徐耀辰两位，以及沈尹默，沈兼士，沈士远的三昆仲；不时也常和周作人氏，钱玄同氏，胡适之氏，马幼渔氏等相遇，或在北大的休息室里，或在公共宴会的席上。这些同事们，都是鲁迅的崇拜者。而对于鲁迅的古怪脾气，都当作一件似乎是历史上的轶事在谈论。

在我与鲁迅相见不久之后，周氏兄弟反目的消息，从禄米仓的张徐二位那里听到了，原因很复杂，而旁人终于也不明白是究竟为了什么。但终鲁迅的一生，他与周作人氏，竟没有和解的机会。

本来，鲁迅和周作人氏哥儿俩，是住在八道湾的那一所大房子里的。这一所大房子，系鲁迅在几年前，将他们绍兴的祖屋卖了，与周作人在八道湾买的；买了之后，加以修葺，他们兄弟和老太太就统在那里住了。俄国的那位盲诗人爱罗先珂寄住的，也就是这一所八道湾的房子。

后来，鲁迅和周作人氏闹了，所以他就搬了出来。所住的，大约就是砖塔胡同的那一间小四合了。所以，我见到他的时候，正在他们的口角之后不久的期间。

据凤举他们的判断，以为他们弟兄间的不睦，完全是两人的误解。周作人氏的那位日本夫人，甚至说鲁迅对她有失敬之处。但鲁迅有时候对我说："我对启明，总老规劝他的，教他用钱应该节省一点，我们不得不想想将来，但他对于经济，总是进一个花一个的，尤其是他那位夫人。"从这些地方，会合起来，大约他们反目的真因，也可以猜度到一二成了。不过凡是认识鲁迅，认识启明及他的夫人的人，都晓得他们三个人，完全是好人；鲁迅虽则也痛骂过正人君子，但据我所知的他们三人来说，则只有他们才是真正君子。现在颇有些人，说周作人已作了汉奸，但我却始终仍是怀疑。所以，全国文艺作者协会致周作人的那一封公开信，最后的决定，也是由我改削过的；我总以为周作人先生，与那些甘心卖国的人，是不能作一样的看法的。

这时候的教育部，薪水只发到二成三成，公事是大家不办的，所以，鲁迅很有工夫教书，编讲义，写文章。他的短文，大抵是由孙伏园氏拿去，在《晨报副刊》上发表；教书是除北大外，还兼任着师大。

有一次，在鲁迅那里闲坐，接到了一个来催开会的通知，我问他，忙么？他说，忙倒也不忙，但是同唱戏的一样，每天总得到处去扮一扮。上讲台的时候，就得扮教授，到教育部去，也非得扮官不可。

他说虽则这样的说，但做到无论什么事情时，却总肯负完全的责任。

至于说到唱戏呢，在北平虽则住了那么久，可是他终于没有爱听京戏的癖性。他对于唱戏听戏的经验，始终只限于绍兴的社戏、高腔、乱弹、目莲戏等，最多也只听到了徽班。阿Q所唱的那句"手执钢鞭将你打"，就是乱弹班《龙虎斗》里的句子，是赵玄坛唱的。

对于目莲戏，他却有特别的嗜好。他有好几次同我说，这戏里的穿插，实在有许许多多的幽默味。他曾经举出不少的实例，说到一个借了鞋袜靴子去赴宴会的人，到了人来向他索还，只剩大衫在身上的时候，这一位老兄就装作肚皮痛，以两手按着腹部，口叫着"我肚皮痛杀哉"，将身体伏矮了些，于是长衫就盖到了脚部以遮掩过去的一段，他还照样的做出来给我们看过。说这一段话时，我记得《月夜》的著者，川岛兄也在座上，我们曾经大笑过的。

后来在上海，我有一次谈到了予倩、田汉诸君想改良京剧，来作宣传的话，他根本就不赞成，并且很幽默地说，以京剧来宣传救国，那就是"我们救国啊啊啊啊了，这行么"。

孙伏园氏在晨报社，为了鲁迅的一篇挖苦人的恋爱的诗，与刘勉已氏闹翻了脸。鲁迅的学生李小峰就与伏园联合起来，出了《语丝》。投稿者除上述的诸位之外，还有林语堂氏，在国外的刘半农氏，以及徐旭生氏等。但是周氏兄弟，却是《语丝》的中心。而每次语丝社中人叙会吃饭的时候，鲁迅总不出席，因为不愿与周作人氏遇到的缘故。因此，在这一两年中，鲁迅在社交界，始终没有露一露脸。无论什么人请客，他总不肯出席；他自己哩，除了和一二人去小吃之外，也绝对的不大规模（或正式）的请客。这脾气，直到他去厦门大学以后，才稍稍改变了些。

鲁迅的对于后进的提拔，可以说是无微不至。《语丝》发刊以后，有些新人的稿子，差不多都是鲁迅推荐的。他对于高长虹他们的一集团，对于沉钟社的几位，对于未名社的诸子，都一例地在为说项。就是对于沈从文氏，虽则已有人在孙伏园去后的《晨报副刊》上替吹嘘了，他也时时提到，唯恐诸编辑的埋没了他。还有当时在北大念书的王品青氏，也是他所属望的青年之一。

鲁迅和景宋女士（许广平）的认识，是当他在北京（那时北平还叫作北京）女师大教书的中间。前后经过，《两地书》里已经记载得很详细，此地可以不必说。但他和许女士的进一步的接近，是在"三一八"惨案之前，章士钊做教育部长，使刘百昭去用了老妈子军以暴力解散女师大的时候。

鲁迅是向来喜欢打抱不平的，看了章士钊的横行不法，又兼自己还是这学校的讲师，所以当教育部下令解散女师大的时候，他就和许季茀、沈兼士、马幼渔等一道起来反对。当时的鲁迅，还是教育部的佥事，故而部长的章士钊也就下令将他撤职。为此，他一面向平政院控告章士钊，提起行政诉讼，一面就在《语丝》上攻击《现代评论》的为虎作伥，尤以对陈源（通伯）教授为最烈。

《现代评论》的一批干部，都是英国留学生；而其中像周鲠生、皮宗石、王世杰等，却是两湖人。他们和章士钊，在同到过英国的一点上，在同是湖南人的一点上，都不得不帮教育部的忙。鲁迅因而攻击绅士态度，攻击《现代评论》的受贿赂。这一时候他的杂文，怕是他一生之中，最含热意的妙笔。在这一个压迫和反抗、正义和暴力的争斗之中，他与许女士便有了更进一步的认识机会。

在这前后，我和他见面的次数并不多，因为我已经离开了北平，上武昌师范大学文科去教书了。可是这一年（民十三？）暑假回北京，看见他的时候，他正在做控告章士钊的状子，而女师大为校长杨荫榆的问题，也正是闹得最厉害的期间。当他告诉我完了这事情的经过之后，他仍旧不改他的幽默态度说：

"人家说我在打落水狗，但我却以为在钉枪伤老虎，在扮演周处或武松。"

这句话真说得我高笑了起来。可是他和景宋女士的认识，以及有什么来往，我却还一点儿也不曾晓得。

直到两年（？）之后，他因和林文庆博士闹意见，从厦门大学回上海的那一年暑假，我上旅馆去看他，谈到了中午，就约他及景宋女士与在座的许钦文去吃饭。在吃完饭后，茶房端上咖啡来时，鲁迅却很热情地向正在搅咖啡杯的许女士看了一眼，又用诚告亲属似的热情的口气，对许女士说：

"密丝许，你胃不行，咖啡还是不吃的好，吃些生果罢！"

在这一个极微细的告诫里，我才第一次看出了他和许女士中间的爱情。

从此之后，鲁迅就在上海住下了，是在闸北去窦乐安路不远的景云里内一所三楼朝南的洋式弄堂房子里。他住二层的前楼，许女士是住在三楼的。他们两人间的关系，外人还是一点儿也没有晓得。

有一次，林语堂——当时他住在愚园路，和我静安寺路的寓居很近——和我去看鲁迅，谈了半天出来，林语堂忽然问我：

"鲁迅和许女士，究竟是怎么回事，有没有什么关系的？"

我只笑着摇摇头，回问他说：

"你和他们在厦大同过这么久的事，难道还不晓得么？我可真看不出什么来。"

说起林语堂，实在是一位天性纯厚的真正英美式的绅士，他决不疑心人有意说出的不关紧要的谎。我只举一个例出来，就可以看出他的本性。当他在美国向他的夫人求爱的时候，他第一次捧呈了她一册克莱克夫人著的小说《模范绅士约翰·哈里法克斯》；但第二次他忘记了，又捧呈了她以这册受批

john Halifax Gentleman。这是林夫人亲口对我说的话，当然是不会错的。从这一点上看来，就可以看出语堂真是如何的忠厚老实的一位模范绅士。他的提倡幽默，挖苦绅士态度，我们都在说，这些都是从他的 Inferiority Gomplex（不及错觉）心理出发的。

语堂自从那一回经我说过鲁迅和许女士中间大约并没有什么关系之后，一直到海婴（鲁迅的儿子）将要生下来的时候，才兹恍然大悟。我对他说破了，他满脸泛着好好先生的微笑说：

"你这个人真坏！"

鲁迅的烟瘾，一向是很大的；在北京的时候，他吸的，总是哈德门牌的拾枝装包。当他在人前吸烟的时候，他总探手进他那件灰布棉袄的袋里去摸出一枝来吸；他似乎不喜欢将烟包先拿出来，然后再从烟包里抽出一枝，而再将烟包塞回袋里去。他这脾气，一直到了上海，仍没有改过，不晓是为了怕麻烦的原因呢，抑或为了怕人家看见他所吸的烟，是什么牌？

他对于烟酒等刺激品，一向是不十分讲究的；对于酒，也是同烟一样。他的量虽则并不大，但却老爱喝一点。在北平的时候，我曾和他在东安市场的一家小羊肉铺里喝过白干；到了上海之后，所喝的，大抵是黄酒了。但五加皮、白玫瑰，他也喝；啤酒、白兰地他也喝，不过总喝得不多。

爱护他、关心他的健康无微不至的景宋女士，有一次问我："周先生平常喜欢喝一点酒，还是给他喝什么酒好？"我当然答以黄酒第一。但景宋女士却说，他喝黄酒时，老要量喝得很多，所以近来她在给他喝五加皮。并且说，因为五加皮酒性太烈，她所以老把瓶塞在平时拔开，好教消散一点酒气，变得淡些。

在这些地方，本可看出景宋女士的一心为鲁迅牺牲的伟大精神来；仔细一想，真要教人感激得下眼泪的，但我当时却笑了，笑她的太没有对于酒的知识。当然她原也晓得酒精成分多少的科学常识，可是爱人爱得过分时，常识也往往会被热挚的真情，掩蔽下去。我于讲完了量与质的问题，讲完了酒精成分的比较问题之后，就劝她，以后，顶好是给周先生以好的陈黄酒喝，否则还是喝啤酒。

这一段谈话过后不久，忽而有一天，鲁迅送了我两瓶十多年陈的绍兴黄酒，说是一位绍兴同乡，带出来送他的。我这才放了心，相信以后他总不再喝五加皮等烈酒了。

我的记忆力很差，尤其是对于时日及名姓等的记忆。有些朋友，当见面时却混得很熟，但竟有一年半载以上，不晓得他的名姓的；因为混熟了，又不好再请教尊姓大名的缘故。像这一种习惯，我想一般人也许都有，可是，在我觉得特别地厉害。而鲁迅呢，却很奇怪，他对于遇见过一次，或和他在文字上有点纠葛过的人，都记得很详细，很永固。

所以，我在前段说起过的，鲁迅到上海的时日，照理应该在十八年的春夏之交；因为他于离开厦门大学之后，是曾上广州中山大学去住过一年的；他的重回上海，是在因和顾颉刚起了冲突，脱离中山大学之后；并且因恐受当局的压迫拘捕，其后亦曾在广州闲住了半年以上的时间。

他对于辞去中山大学教职之后，在广州闲住的半年那一节事情，也解释得非常有趣。他说：

"在这半年中，我譬如是一只雄鸡，在和对方呆斗。这呆斗的方式，并不是两边就咬起来，却是振冠击羽，保持着一段相当距离的对视。因为对方的假君子，背后是有政治力量的，你若一经示弱，对方就会用无论那一种卑鄙的手段，来加你以压迫。

"因而有一次，大学里来请我讲演，伪君子正在庆幸机会到了，可以罗织成罪我的证据。但我却不忙不迫地讲了些魏晋人的风度之类，而对于时局和政治，一个字也不曾提起。"

在广州闲住了半年之后，对方的注意力有点松懈了，就是对方的雄鸡，坚忍力有点不能支持了；他就迅速地整理行囊，乘其不备，而离开了广州。

人虽则离开了，但对于代表恶势力而和他反对的人，他却始终不会忘记。所以，他的文章里，无论在哪一篇，只教用得上去的话，他总不肯放松一着，老会把这代表恶势力的敌人押解出来示众。

对于这一点，我也曾再三地劝他过，劝他不要上当。因为有许多无理取闹，来攻击他的人，都想利用了他来成名。实际上，这一个文坛登龙术，是屡试屡验的法门；过去曾经有不少的青年，围攻击鲁迅而成了名的。但他的解释，却很彻底。他说：

"他们的目的，我当然明了。但我的反攻，却有两种意思。第一，是正可以因此而成全了他们；第二，是也因为他们，而真理愈得阐明。他们的成名，是焰火似的一时的现象，但真理却是永久的。"

他在上海住下之后，这些攻击他的青年，愈来愈多了。最初，是高长虹等，其次是太阳社的钱杏屯等，后来则有创造社的叶灵凤等。他对于这些人的攻击，都三倍四倍地给予了反攻，他的杂文的光辉，也正因了这些不断的搏斗而增加了熟练与光辉。他的《全集》的十分之六七，是这种搏斗的火花，成绩俱在，在这里可以不必再说。

此外还有些并不对他攻击，而亦受了他的笔伐的人，如张若谷、曾今可等；他对于他们，在酒兴浓溢的时候，老笑着对我说：

"我对他们也并没有什么仇。但因为他们是代表恶势力的缘故，所以我就做了堂·克蕾德，而他们却做了活的风车。"

关于堂·克蕾德这一名词，也是钱杏屯他们奉赠给他的。他对这名词并不嫌恶，反而是很喜欢的样子。同样在有一时候，叶灵凤引用了苏俄讥高尔基的画来骂他，说他是"阴阳面

200

的老人"，他也时常笑着说："他们比得我太大了，我只恐怕承当不起。"

创造社和鲁迅的纠葛，系开始在成仿吾的一篇批评，后来一直地继续到了创造社的被封时为止。

鲁迅对创造社，虽则也时常有讥讽的言语，散发在各杂文里，但根底却并没有恶感。他到广州去之先，就有意和我们结成一条战线，来和反动势力拮抗的；这一段经过，恐怕只有我和鲁迅及景宋女士三人知道。

至于我个人与鲁迅的交谊呢，一则因系同乡，二则因所处的时代，所看的书，和所与交游的友人，都是同一类属的缘故，始终没有和他发生过冲突。

后来，创造社因被王独清挑拨离间，分成了派别。我因一时感情作用，和创造社脱离了关系，在当时，一批幼稚病的创造社同志，都受了王独清等的煽动，与太阳社联合起来攻击鲁迅，但我却始终以为他们的行动是越出了常轨，所以才和他计划出了《奔流》这一个杂志。

《奔流》的出版，并不是想和他们对抗，用意是在想介绍些真正的革命文艺的理论和作品，把那些犯幼稚病的左倾青年，稍稍纠正一点过来。

当编《奔流》的这一段时期，我以为是鲁迅的一生之中，对中国文艺影响最大的一个转变时期。

在这一年当中，鲁迅的介绍左翼文艺的正确理论的一步工作，才开始立下了系统。而他的后半生的工作的纲领，差不多全是在这一个时期里定下来的。

当时在上海负责在做秘密工作的几位同志，大抵都是在我静安寺路的寓居里进出的人；左翼作家联盟，和鲁迅的结合，实际上是我做的媒介。不过，左联成立之后，我却并不愿意参加，原因是因为我的个性是不适合于这些工作的。我对于我自己，认识得很清，决不愿担负一个空名，而不去做实际的事务；所以，左联成立之后，我就在一月之内，对他们公然地宣布了辞职。

但是暗中站在超然的地位，为左联及各工作者的帮忙，也着实不少。除来不及营救，已被他们杀死的许多青年不计外，在龙华，在租界捕房被拘去的许多作家，或则减刑，或则拒绝引渡，或则当时释放等案件，我现在还记得起来的，当不只十件八件的少数。

鲁迅的热心于提拔青年的一件事情，是大家在说的。但他的因此而受痛苦之深刻，却外边很少有人知道。像有些先受他的提拔，而后来却用攻击的方法以成自己的名的事情，还是彰明显著的事实。而另外还有些"挑了一担同情来到鲁迅那里，强迫他出很高的代价"的故事，外边的人，却大抵都不晓得了。在这里，我只举一个例：

在广州的时候，有一位青年的学生，因平时被鲁迅所感化而跟他到了上海。到了上海之后，鲁迅当然也收留他一道住在景云里那一所三层楼的弄堂房子里。但这一位青年，误解了鲁迅的意思，以为他没有儿子——当时海婴还没有生——所以收留自己和他住下，大约总是想把自己当他的儿子的意思。后来，他又去找了一位女朋友来同住，意思是为鲁迅当儿媳妇的。可是，两人坐食在鲁迅的家里，零用衣饰之类，鲁迅当然是供给不了的；于是这一位自定的鲁迅的子嗣，就发生了很大的不满，要求鲁迅，一定要为他谋一出路。

鲁迅没法子，就来找我，教我为这青年去谋一职业，如报馆校对、书局伙计之类；假使是真的找不到职业，那么亦必须请一家书店或报馆在名义上用他做事，而每月的薪水三四十元，当由鲁迅自己拿出，由我转交给这书局或报馆，作为月薪来发给。

这事我向当时的现代书局说了，已经说定是每月由书局和鲁迅各拿出一半的钱来，使用这一位青年。但正当说好的时候，这一位青年却和爱人脱离了鲁迅而走了。

这一件事情，我记得章锡琛曾在鲁迅去世的时候写过一段短短的文章；但事实却很复杂，使鲁迅为难了好几个月。从这一回事情之后，鲁迅就爱说"青年是挑了一担同情来的"趣话。不过这仅仅是一例，此外，因同情青年的遭遇，而使他受到痛苦的事实还正多着哩！

民国十八年以后，因国共分家的结果，有许多青年，以及正义的斗士，都无故而被牺牲了。此外，还有许多从事革命运动的青年，在南京，上海，以及长江流域的通都大邑里，被捕的，正不知有多少。在上海专为这些革命志士以及失业工人等救济而设的一个团体，是共济会。但这时候，这救济会已经遭了当局之忌，不能公开工作了；所以弄成请了律师，也不能公然出庭，有了店铺作保，也不能去向法庭清求保释的局面。在这时候，带有国际性的民权保障自由大同盟，才在孙夫人（宋庆龄女士）、蔡先生（孑民）等的领导下，在上海成立了起来。鲁迅和我，都是这自由大同盟的发起人，后来也连做了几任的干部，一直到南京的通缉令下来，杨杏佛被暗杀的时候为止。

在这自由大同盟活动的期间，对于平常的集会，总不出席的鲁迅，却于每次开会时一定先期而到；并且对于事务是一向不善处置的鲁迅，将分派给他的事务，也总办得井井有条。从这里，我们又可以看出，鲁迅不仅是一个只会舞文弄墨的空头文学家，对于实务，他原是也具有实际干才的。说到了实务，我又不得不想起我们合编的那一个杂志《奔流》——名义上，虽则是我和他合编的刊物，但关于校对、集稿、算发稿费等琐碎的事务，完全是鲁迅一个人效的劳。

他的做事务的精神，也可以从他的整理书斋，和校阅原稿等小事件上看得出来。一般和我们在同时做文字工作的人，在我所认识的中间，大抵十个有九个都是把书斋弄得乱杂无章的。而鲁迅的书斋，却在无论什么时候，都整理得必清必楚。他的校对的稿子，以及他自己的文章，涂改当然是不免，但总缮写得非常的清楚。

直到海婴长大了，有时候老要跑到他的书斋里去翻弄他的书本杂志之类；当这样的时候，我总看见他含着苦笑，对海婴说："你这小捣乱看好了没有？"海婴含笑走了的时候，他总是一边谈着笑话，一边先把那些搅得零乱的书本子堆叠得好好，然后再来谈天。

记得有一次，海婴已经会说话的时候了，我到他的书斋去的前一刻，海婴正在那里捣乱，翻看书里的插图。我去的时候，书木子还没有理好。鲁迅一见着我，就大笑着说："海婴这小捣乱，他问我几时死，他的意思是我死了之后，这些书本都应该归他的。"

鲁迅的开怀大笑，我记得要以这一次为最兴高采烈。听这话的我，一边虽也在高笑，但暗地里一想到了"死"这一个定命，心里总不免有点难过。尤其是像鲁迅这样的人，我平时总不会把死和他联合起来想在一道。就是他自己，以及在旁边也在高笑的景宋女士，在当时当然也对于死这一个观念的极微细的实感都没有的。

这事情，大约是在他去世之前的两三年的时候；到了他死之后，在万国殡仪馆成殓出殡的上午，我一面看到了他的遗容，一面又看见海婴仍是若无其事地在人前穿了小小的丧服在那里快快乐乐地跑，我的心真有点儿绞得难耐。

鲁迅的著作的出版者，谁也知道是北新书局。北新书局的创始人李小峰，本是北大鲁迅的学生；因为孙伏园从《晨报副刊》出来之后，和鲁迅、启明、语堂等，开始经营《语丝》之发行，当时还没有毕业的李小峰，就做了《语丝》的发行兼管理印刷的出版业者。

北新书局从北平分到上海，大事扩张的时候，所靠的也是鲁迅的几本著作。

后来一年一年地过去，鲁迅的著作也一年一年地多起来了。北新和鲁迅之间的版税交涉，当年成了一个很大的问题。

北新对著作者，平时总只含混地说，每月致送几百元版税，到了三节，便开一清单来报帐的。但一则他的每月致送的款项，老要拖欠，再则所报之帐，往往不十分清爽。

后来，北新对鲁迅及其他的著作人，简直连月款也不提，节账也不算了。靠版税在上海维持生活的鲁迅，一时当然也破除了情面，请律师和北新提起了清算版税的诉讼。

照北新开给鲁迅的旧账单等来计算，在鲁迅去世的前六七年，早该积欠有两三万元了。这诉讼，当然是鲁迅的胜利，因为欠债还钱，是古今中外一定不易的自然法律。北新看到了这一点，就四处地托人向鲁迅讲情，要请他不必提起诉讼，大家设法谈判。

当时我在杭州小住，打算把一部不曾写了的《屋楼》写它完来。但住不上几天，北新就有电报来了，催我速回上海，为这事尽一点力。

后来经过几次的交涉，鲁迅答应把诉讼暂时不提，而北新亦愿意按月摊还积欠两万余元。分十个月还了；新欠则每月致送四百元，决不食言。

这一场事情，总算是这样地解决了；但在事情解决，北新请大家吃饭的那一天晚上，鲁迅和林语堂两人，却因误解而起了正面的冲突。

冲突的原因，是在一个不在场的第三者，也是鲁迅的学生，当时也在经营出版事业的某君。北新方面，满以为这一次鲁迅的提起诉讼，完全系出于这同行第三者的挑拨。而忠厚诚实的林语堂，于席间偶尔起了这一个人的名字。

鲁迅那时，大约也有了一点酒意，一半也疑心语堂在责备这第三者的话，是对鲁迅的讽刺；所以脸色发青，从座位里站了起来，大声地说：

"我要声明！我要声明！"

他的声明，大约是声明并非由这第三者的某君挑拨的。语堂当然也要声辩他所讲的话，并非是对鲁迅的讽刺；两人针锋相对，形势真弄得非常的险恶。

在这席间，当然只有我起来做和事佬：一面按住鲁迅坐下，一面我就拉了语堂和他的夫人，走下了楼。

这事当然是两方的误解。后来鲁迅也明白了；他和语堂之间，是有过一次和解的。可是到了他去世之前年，又因为劝语堂多翻译一点西洋古典文学到中国来，而语堂说这是老年人做的工作之故，而各起了反感。但这当然也是误解，当鲁迅去世的消息传到当时寄居在美国的语堂耳里的时候，语堂是曾有极悲痛的唁电发来的。

鲁迅住的景云里那一所房子，是在北四川路尽头的西面，去虹口花园很近的地方。因而去狄思威路北的内山书店亦只有几百步路。

书店主人内山完造，在中国先则卖药，后则经营贩卖书籍，前后总已有了二十几年的历史。他生活很简单，懂得生意经，并且也染上了中国人的习气，喜欢讲交情。因此，我们这一批在日本住久的人，在上海总老喜欢到他店里去坐坐谈谈；鲁迅于在上海住下之后，也就是这内山书店的常客之一。

"一二·八"沪战发生，鲁迅住的那一个地方，去天通庵只有一箭之路，交战的第二日，我们就在担心着鲁迅一家的安危。到了第三日，并且谣言更多了，说和鲁迅同住的他的三弟乔峰（周建人）被宪兵殴伤了，但就在这一个下午，我却在四川路桥南内山书店的一家分店的楼上，会到了鲁迅。

他那时也听到这谣传了，并且还在报上看见了我寻他和其他几位住在北四川路的友人的启事。他在这兵荒马乱之间，也依然不消失他那种幽默的微笑；讲到乔峰被殴伤的那一段谣言的时候，还加上了许多我们所不曾听见过的新鲜资料，证明一般空闲人的喜欢造谣生事，乐祸幸灾。

在这中间，我们就开始了向全世界文化人呼吁，出刊物公布狞恶侵略者面目的工作，鲁迅当然也是签名者之一；他的实际参加联合抗敌的行动，和一班左翼作家的接近，实际上是从这一个时期开始的。

"一二·八"战事过后，他从景云里搬了出来，住在内山书店斜对面的一家大厦的三层楼上；租金比较得贵，生活方式也比较得奢侈，因而一般平时要想寻出一点弱点来攻击他的人，就又像是发掘得了至宝。

但他在那里住得也并不久，到了南京的秘密通缉令下来，上海的反动空气很浓厚的时候，他却搬上了内山书店的北面，新造好的大陆新村（四达里对面）的六十几号房屋去住了。在这里，一直住到了他去世的时候为止。

南京的秘密通缉令，列名者共有六十几个，多半是与民权保障自由大同盟有关的文化人。而这通缉令呈请者，却是在杭州的浙江省党部的诸先生。

说起杭州，鲁迅绝端地厌恶；这通缉案的呈请者们，原是使他厌恶的原因之一，而对于山水的爱好，别有见解，也是他厌恶杭州的一个原因。有一年夏天，他曾同许钦文到杭州去玩过一次；但因湖上的闷热，蚊子的众多，饮水的不洁等关系，他在旅馆里一晚没有睡觉，第二天就逃回到上海来了。自从这一回之后，他每听见人提起杭州，就要摇头。

后来，我搬到杭州去住的时候，他曾写过一首诗送我，头一句就是"钱王登遐仍如在"；这诗的意思，他曾同我说过，指的是杭州党政诸人的无理的高压。他从五代时的记录里，曾看到过钱武肃王的时候，浙江老百姓被压榨得连裤子都没有得穿，不得不以砖瓦来遮盖下体。这事不知是出在哪一部书里，我到现在也还没有查到，但他的那句诗的原意，却就系指此而言。我因不听他的忠告，终于搬到杭州去住了，结果竟不出他之所料，被一位党部的先生，弄得家破人亡；这一位吃党饭出身，积私财至数百万，曾经呈请南京中央党部通缉过我们的先生，对我竟做出了比邻人对待我们老百姓还更凶恶的事情，而且还是在这一次的抗战军兴之后。我现在虽则已远离祖国，再也受不到他的奸淫残害的毒爪了；但现在仍还在执掌以礼义廉耻为信条的教育大权的这一位先生，听说近来因天高皇帝远，浑水好捞鱼之故，更加加重了他对老百姓的这一种远溢过钱武肃王的"德政"。

鲁迅不但对于杭州没有好感，就是对他出生地的绍兴，也似乎并没有什么依依不舍的怀恋。这可从有一次他的谈话里看得出来。是他在上海住下不久的时候，有一回我们谈起了前两天刚见过面的孙伏园。他问我伏园住在哪里，我说，他已经回绍兴去了，大约总不久就会出来的。鲁迅言下就笑着说：

"伏园的回绍兴，实在也很可观！"

他的意思，当然是绍兴又凭什么值得这样的频频回去。

所以从他到上海之后，一直到他去世的时候为止，他只匆匆地上杭州去住了一夜，而绝没有回去过绍兴一次。

预言者每不为其故国所容，我于鲁迅更觉得这一句格言的确凿。各地党部的对待鲁迅，自从浙江党部发动了那大弹劾案之后，似乎态度都是一致的。抗战前一年的冬天，我路过厦门，当时有许多厦大同学曾来看我，谈后就说到了厦大门前，经过南普陀的那一条大道，他们想呈请市政府改名"鲁迅路"以资纪念。并且说，这事已经由鲁迅纪念会（主其事的是厦门《星光日报》社长胡资周及记者们与厦大学生代表等人）呈请过好几次了，但都被搁置着不批下来。我因为和当时的厦门市长及工务局长等都是朋友，所以就答应他们说这事一定可以办到。但后来去市长那里一查问，才知道又是党部在那里反对，绝对不准人们纪念鲁迅。这事情，后来我又同陈主席说了，陈主席当然是表示赞成的。可是，这事还没有办理完成，而抗战军兴，现在并且连厦门这一块土地，也已经沦陷了一年多了。

自从我搬到杭州去住下之后，和他见面的机会，就少了下去，但每一次当我上上海去的中间，无论如何忙，我总抽出一点时间来去和他谈谈，或和他吃一次饭。

而上海的各书店，杂志编辑者，报馆之类，要想拉鲁迅的稿子的时候，也总是要我到上海去和鲁迅交涉的回数多。譬如，黎烈文初编《自由谈》的时候，我就和鲁迅说，我们一定要维持他，因为在中国最老不过的《申报》，也晓得要用新文学了，就是新文学的胜利。所以，鲁迅当时也很起劲，《伪自由书》《花边文学》集里许多短稿，就是这时候的作品。在起初，他的稿子就是由我转交的。

此外，像良友书店，天马书店，以及"生活"出的《大学》杂志之类，对鲁迅的稿件，开头大抵都是由我为他们拉拢的。尤其是当鲁迅对编辑者们发脾气的时候，做好做歹，仍复替他们调停和解这一角色，总是由我来担当。所以，在杭州住下的两三年中，光是为鲁迅之故，而跑上海的事情，前后总也有了好多次。

在他去世的前一年春天，我到了福建。这中间，和他见面的机会更加少了。但记得就在他作故的前两个月，我回上海，他曾告诉了我他的病状，说医生说他的肺不对，他想于秋天到日本去疗养，问我也能够同去不能。我在那时候，也正在想去久别了的日本一次，看看他们最近的社会状态，所以也轻轻谈到了同去岚山看红叶的事情。可是从此一别，我就再也没有和他作长谈的幸运了。

关于鲁迅的回忆，枝枝节节，另外也正还多着；可是他给我的信件之类，有许多已在搬回杭州去之先烧了，有几封在上海北新书局里存着，现在又没有日记在手头，所以就在这里，先暂搁笔，以后若有机会，或许再写也说不定。

鲁迅翁杂忆

夏丏尊

　　我认识鲁迅翁，还在他没有鲁迅的笔名以前。我和他在杭州两级师范学校相识，晨夕相共者好几年，时候是前清宣统年间。那时他名叫周树人，字豫才，学校里大家叫他周先生。

　　那时两级师范学校有许多功课是聘用日本人为教师的，教师所编的讲义要人翻译一遍，上课的时候也要有人在旁边翻译。我和周先生在那里所担任的就是这翻译的职务。我担任教育学科方面的翻译，周先生担任生物学科方面的翻译。此时，他还兼任着几点钟的生理卫生的教课。

　　翻译的职务是劳苦而且难以表现自己的，除了用文字语言传达他人的意思以外，并无任何可以显出才能的地方。周先生在学校里却很受学生尊敬，他所译的讲义就很被人称赞。那时白话文尚未流行，古文的风气尚盛，周先生对于古文的造诣，在当时出版不久的《域外小说集》里已经显出。以那样的精美的文字来译动物植物的讲义，在现在看来似乎是浪费，可是在三十年前重视文章的时代，是很受欢迎的。

周先生教生理卫生，曾有一次答应了学生的要求，加讲生殖系统。这事在今日学校里似乎也成问题，何况在三十年以前的前清时代。全校师生们都为惊讶，他却坦然地去教了。他只对学生提出一个条件，就是在他讲的时候不许笑。他曾向我们说："在这些时候不许笑是个重要条件。因为讲的人的态度是严肃的，如果有人笑，严肃的空气就破坏了。"大家都佩服他的卓见。

据说那回教授的情形果然很好。别班的学生因为没有听到，纷纷向他来讨油印讲义看，他指着剩余的油印讲义对他们说："恐防你们看不懂的，要么，就拿去。"原来他的讲义写得很简，而且还故意用着许多古语，用"也"字表示女阴，用"了"字表示男阴，用"幺"字表示精子，诸如此类，在无文字学素养未曾亲听过讲的人看来，好比一部天书了。这是当时的一段珍闻。

周先生那时虽尚年青，丰采和晚年所见者差不多。衣服是向不讲究的，一件廉价的羽纱——当年叫洋官纱——长衫，从端午前就着起，一直要着到重阳。一年之中，足足有半年看见他着洋官纱，这洋官纱在我记忆里很深。

民国十五年初秋他从北京到厦门教书去，路过上海，上海的朋友们请他吃饭，他着的依旧是洋官纱。我对了这二十年不见的老朋友，握手以后，不禁提出"洋官纱"的话来。"依旧是洋官纱吗？"我笑说。"呃，还是洋官纱！"他苦笑着回答我。

周先生的吸卷烟是那时已有名的。据我所知，他平日吸的都是廉价卷烟，这几年来，我在内山书店时常碰到他，见他所吸的总是金牌、品海牌一类的卷烟。他在杭州的时候，所吸的记得是强盗牌。那时他晚上总睡得很迟，强盗牌香烟，条头糕，这两件是他每夜必须的粮。服侍他的斋夫叫陈福。陈福对于他的任务，有一件就是每晚摇寝铃以前替他买好强盗牌香烟和条头糕。我每夜到他那里去闲谈，到摇寝铃的时候，总见陈福拿进强盗牌和条头糕来，星期六的夜里备得更富足。

周先生每夜看书，是同事中最会熬夜的一个。他那时不做小说，文学书是喜欢读的。我那时初读小说，读的以日本人的东西为多，他赠了我一部《域外小说集》，使我眼界为之一广。我在二十岁以前曾也读过西洋小说的译本，如小仲马、狄更斯诸家的作品，都是从林琴南的译本读到过的。《域外小说集》里所收的是比较近代的作品，而且都是短篇，翻译的态度，文章的风格，都和我以前所读过的不同。这在我是一种新鲜味。

自此以后，我于读日本人的东西以外，又搜罗了许多日本人所译的欧美作品来读，知道的方面比较多起来了。他从五四以来，在文字上，思想上，大大地尽过启蒙的努力。我可以说在三十年前就受他启蒙的一个人，至少在小说的阅读方面。

周先生曾学过医学。当时一般人对于医学的见解，还没有现在的明了，尤其关于尸体解剖等类的话，是很新奇的。闲谈的时候，常有人提到这尸体解剖的题目，请他讲讲"海外奇谈"。他都一一说给他们听。

据他说，他曾经解剖过不少的尸体，有老年的，壮年的，男的，女的。依他的经验，最初也曾感到不安，后来就不觉得什么了，不过对于青年的妇人和小孩的尸体，当开始去破坏的时候，常会感到一种可怜不忍的心情。尤其是小孩的尸体，更觉得不好下手，非鼓起了勇气，拿不起解剖刀，我曾在这些谈话上领略到他的人间味。

周先生很严肃，平时是不大露笑容的，他的笑必在诙谐的时候。他对于官吏似乎特别憎恶，常摹拟官场的习气，引人发笑。现在大家知道的"今天天气……哈哈"一类的摹拟谐谑，那时从他口头已常听到。他在学校里是一个幽默者。

初次见鲁迅先生

马　钰

　　我从前不爱看小说，有时跟同学在一块，他们老看，我呆着，也太没意思，所以也就拿一本看看；看看，倒也看惯了，就时常地看。

　　在所看的这些小说里，最爱看的，就是鲁迅先生所作的了。我看了他的作品里面，有许多都是跟小孩说话一样，很痛快，一点也不客气；不是像别人，说一句话，还要想半天，看说的好不好，对得起人或者对不起人。鲁迅先生就不是，你不好，他就用笔墨来痛骂你一场，所以看了很舒服，虽然他的作品里面有许多的意思，我看不懂；但是在字的浮面看了，已是很知足的了。

　　但是鲁迅这人，我是没有看见过的，也不知道他是个什么样子，在我想来，大概同小孩差不多，一定是很爱同小孩在一起的。不过我又听说他是老头儿，很大年纪的。爱漂亮吗？大概许爱漂亮，穿西服罢。一定拿着 Stick（手杖），走起来，棒头一戳一戳的。分头罢？却不一定；但是要穿西服，当然是分头了。我想他一定是这么一个人，不会错的，虽然他也到我们家来过好几次，可是我都没有看见他。

有一天，我从学校里回来，听见父亲书房里有人说话似的，我问赵增道："书房有什么客?""周先生来了一会了。"我很疑惑地问道："周先生，那个周先生?""我也说不清!"我从玻璃窗外一看，只见一个瘦瘦的人，脸也不漂亮，不是分头，也不是平头。我也不管是什么客人，见见也不妨，于是我就进去了。

见了，就行了一个礼，父亲在旁边说："这就是你平常说的鲁迅先生。"这时鲁迅先生也点了点头，看他穿了一件灰青长衫，一双破皮鞋，又老又呆板，并不同小孩一样，我觉得很奇怪。鲁迅先生我倒想不到是这么一个不爱收拾的人！他手里老拿着烟卷，好像脑筋里时时刻刻在那儿想什么似的。

我呆了一会，就出来了；父亲叫我拿点儿点心来，我就拿碟子装了两盘拿了去，又在那儿呆着。我心里不住地想，总不以他是鲁迅，因为脑筋已经存了鲁迅是一个小孩似的老头儿，现在看了他竟是一个老头似的老头儿，所以不很相信。这时也不知是怎么一回事，只看着他吃东西，看来牙也是不受什么使唤的，嚼起来是很费力的。

后来看得不耐烦了，就想出去，因为一个人立着太没意思；但是刚要走，鲁迅先生忽然问我道："你要看什么书吗?《桃色的云》你看过没有？这本书还不错!"我摇了摇头，很轻地说了一句："没有。"他说："现在外面不多了，恐怕没处买，我那儿还有一本，你要，可以拿来。"我也没响。这么一来，又罚了我半天站，因为不好就走开。但是我呆着没话说，总是没有意思，就悄悄走出来了。看见衣架上挂了一顶毡帽，灰色的，那带子上有一丝一丝的，因为挂得高，看了不知是什么，踮起脚来一看，原来是破的一丝一丝的。

自鸣钟打了五点了，鲁迅先生还没有走的信息。我就只等着送，因为父亲曾对我说过，我见过的客，送时总要跟在父亲后头送的，所以老等着，不敢走开。

当！当！……打了六下了，还是不走，不走倒没什么关系，叫我这么呆等着，可真有点麻烦。玩去，管他呢，不送也不要紧的！不行呀，等客走了，又该说我了，等着罢！

"车雇好了。"赵增进来说。我父亲应了一声，这时听见椅子响，皮鞋响，知道是要走了，于是我就到院子里来候着。一会儿，果然出来了，父亲对我说："送送鲁迅先生呀！"鲁迅先生又问我父亲说："他在孔德几年级？"我父亲答了，他拿着烟卷点了点头。我在后头跟着送，看见鲁迅先生的破皮鞋格格的响着，一会回过头来说："那本书，有空叫人给你拿来呀！"我应了一声，好像不好意思似的。一会送到大门口了，双方点了一点头，就走了。我转回头来暗暗地想："鲁迅先生就是这么一个样儿的人呵！"

一九二六年三月

鲁迅眼中的自己

　　我在年青时候也曾经做过许多梦，后来大半忘却了，但自己也并不以为可惜。所谓回忆者，虽说可以使人欢欣，有时也不免使人寂寞，使精神的丝缕还牵着已逝的寂寞的时光，又有什么意味呢，而我偏苦于不能全忘却，这不能全忘的一部分，到现在便成了《呐喊》的来由。

　　我有四年多，曾经常常，——几乎是每天，出入于质铺和药店里，年纪可是忘却了，总之是药店的柜台正和我一样高，质铺的是比我高一倍，我从一倍高的柜台外送上衣服或首饰去，在侮蔑里接了钱，再到一样高的柜台上给我久病的父亲去买药。回家之后，又须忙别的事了，因为开方的医生是最有名的，以此所用的药引也奇特：冬天的芦根，经霜三年的甘蔗，蟋蟀要原对的，结子的平地木，……多不是容易办到的东西。然而我的父亲终于日重一日地亡故了。

　　有谁从小康人家而坠入困顿的么，我以为在这途路中，大概可以看见世人的真面目；我要到 N 进 K 学堂去了，仿佛是想走异路，逃异地，去寻求别样的人们。我的母亲没有法，办了八元的川资，说是由我的自便；然而伊哭了，这正是情理中的事，因为那时读书应试是正路，所谓学洋务，社会上便以为是一种走投无路的人，只得将灵魂卖给鬼子，要加倍的奚落而且排斥的，而况伊又看不见自己的儿子了。然而我也顾不得这些事，终于到 N 去进了 K 学堂了，在这学堂里，我才知道世上还有所谓格致，算学，地理，历史，绘图和体操。生理学并不教，但我们却看到些木版的《全体新论》和《化学卫生论》之类了。我还记得先前的医生的议论和方药，和现在所知道的比较起来，便渐渐地悟得中医不过是一种有意的或无意的骗子，同时又很起了对于被骗的病人和他的家族的同情；而且从译出的历史上，又知道了日本维新是大半发端于西方医学的事实。

因为这些幼稚的知识，后来便使我的学籍列在日本一个乡间的医学专门学校里了。我的梦很美满，预备卒业回来，救治像我父亲似的被误的病人的疾苦，战争时候便去当军医，一面又促进了国人对于维新的信仰。我已不知道教授微生物学的方法，现在又有了怎样的进步了，总之那时是用了电影，来显示微生物的形状的，因此有时讲义的一段落已完，而时间还没有到，教师便映些风景或时事的画片给学生看，以用去这多余的光阴。其时正当日俄战争的时候，关于战事的画片自然也就比较的多了，我在这一个讲堂中，便须常常随喜我那同学们的拍手和喝彩。有一回，我竟在画片上忽然会见我久违的许多中国人了，一个绑在中间，许多站在左右，一样是强壮的体格，而显出麻木的神情。据解说，则绑着的是替俄国做了军事上的侦探，正要被日军砍下头颅来示众，而围着的便是来赏鉴这示众的盛举的人们。

这一学年没有完毕，我已经到了东京了，因为从那一回以后，我便觉得医学并非一件紧要事，凡是愚弱的国民，即使体格如何健全，如何苗壮，也只能做毫无意义的示众的材料和看客，病死多少是不必以为不幸的。所以我们的第一要著，是在改变他们的精神，而善于改变精神的是，我那时以为当然要推文艺，于是想提倡文艺运动了。在东京的留学生很有学法政理化以至警察工业的，但没有人治文学和美术；可是在冷淡的空气中，也幸而寻到几个同志了，此外又邀集了必须的几个人，商量之后，第一步当然是出杂志，名目是取"新的生命"的意思，因为我们那时大抵带些复古的倾向，所以只谓之《新生》。

《新生》的出版之期接近了，但最先就隐去了若干担当文字的人，接着又逃走了资本，结果只剩下不名一钱的三个人。创始时候既已背时，失败时候当然无可告语，而其后却连这三个人也都为各自的运命所驱策，不能在一处纵谈将来的好梦了，这就是我们的并未产生的《新生》的结局。

我感到未尝经验的无聊，是自此以后的事。我当初是不知其所以然的；后来想，凡有一人的主张，得了赞和，是促其前进的，得了反对，是促其奋斗的，独有叫喊于生人中，而生人并无反应，既非赞同，也无反对，如置身毫无边际的荒原，无可措手的了，这是怎样的悲哀呵，我于是以我所感到者为寂寞。

这寂寞又一天一天地长大起来，如大毒蛇，缠住了我的灵魂了。

然而我虽然自有无端的悲哀，却也并不愤懑，因为这经验使我反省，看见自己了：就是我决不是一个振臂一呼应者云集的英雄。

只是我自己的寂寞是不可不驱除的，因为这于我太痛苦。我于是用了种种法，来麻醉自己的灵魂，使我沉入于国民中，使我回到古代去，后来也亲历或旁观过几样更寂寞更悲哀的事，都为我所不愿追怀，甘心使他们和我的脑一同消灭在泥土里的，但我的麻醉法却也似乎已经奏了功，再没有青年时候的慷慨激昂的意思了。

S会馆里有三间屋，相传是往昔曾在院子里的槐树上缢死过一个女人的，现在槐树已经高不可攀了，而这屋还没有人住；许多年，我便寓在这屋里抄古碑。客中少有人来，古碑中也遇不到什么问题和主义，而我的生命却居然暗暗地消去了，这也就是我惟一的愿望。夏夜，蚊子多了，便摇着蒲扇坐在槐树下，从密叶缝里看那一点一点的青天，晚出的槐蚕又每每冰冷地落在头颈上。

那时偶或来谈的是一个老朋友金心异，将手提的大皮夹放在破桌上，脱下长衫，对面坐下了，因为怕狗，似乎心房还在怦怦地跳动。

"你抄了这些有什么用？"有一夜，他翻着我那古碑的抄本，发了研究的质问了。

"没有什么用。"

"那么，你抄他是什么意思呢？"

"没有什么意思。"

"我想，你可以做点文章……"

我懂得他的意思了，他们正办《新青年》，然而那时仿佛不特没有人来赞同，并且也还没有人来反对，我想，他们许是感到寂寞了，但是说：

"假如一间铁屋子，是绝无窗户而万难破毁的，里面有许多熟睡的人们，不久都要闷死了，然而是从昏睡入死灭，并不感到就死的悲哀。现在你大嚷起来，惊起了较为清醒的几个人，使这不幸的少数者来受无可挽救的临终的苦楚，你倒以为对得起他们么？"

"然而几个人既然起来，你不能说决没有毁坏这铁屋的希望。"

是的，我虽然自有我的确信，然而说到希望，却是不能抹杀的，因为希望是在于将来，决不能以我之必无的证明，来折服了他之所谓可有，于是我终于答应他也做文章了，这便是最初的一篇《狂人日记》。从此以后，便一发而不可收，每写些小说模样的文章，以敷衍朋友们的嘱托，积久就有了十余篇。

在我自己，本以为现在是已经并非一个切迫而不能已于言的人了，但或者也还未能忘怀于当日自己的寂寞的悲哀罢，所以有时候仍不免呐喊几声，聊以慰藉那在寂寞里奔驰的猛士，使他不惮于前驱。至于我的喊声是勇猛或是悲哀，是可憎或是可笑，那倒是不暇顾及的；但既然是呐喊，则当然须听将令的了，所以我往往不恤用了曲笔，在《药》的瑜儿的坟上平空添上一个花环，在《明天》里也不叙单四嫂子竟没有做到看见儿子的梦，因为那时的主将是不主张消极的。至于自己，却也并不愿将自以为苦的寂寞，再来传染给也如我那年青时候似的正做着好梦的青年。

这样说来，我的小说和艺术的距离之远，也就可想而知了，然而到今日还能蒙着小说的名，甚而至于且有成集的机会，无论如何总不能不说是一件侥幸的事，但侥幸虽使我不安于心，而悬揣人间暂时还有读者，则究竟也仍然是高兴的。

所以我竟将我的短篇小说结集起来，而且付印了，又因为上面所说的缘由，便称之为《呐喊》。

一九二二年十二月三日，鲁迅记于北京。

国图典藏版本展示

鲁迅

亡友鲁迅印象记

著 裳 壽

印象記

行 發 社 版 出 峨

許壽裳 著

亡友魯迅印象記

峨嵋出版社 發行

一九四七年十月

3 0396 7815 0

目次

— 1 —

57869

小引

魯迅逝世，轉瞬快到十一周年了。那時候我在北平，當天上午便聽到了噩耗，不覺失聲慟哭，這是我生平為朋友的第一副眼淚。魯迅是我的畏友，有三十五年的交情，竟不幸而先歿，所謂「既痛逝者，行自念也」。因此陸續寫了十多篇紀念的文字，如「懷亡友魯迅」，「懷舊」，「魯迅的生活」，「回憶魯迅」，「關於『弟兄』」，「魯迅和民族性研究」，「民元前的魯迅先生序」，「魯迅詩集序」，「魯迅的幾封信」等，都是「言之未盡，自視欿然」。近來，好幾位朋友要我寫這印象記，我也覺得還有些可以寫的。只是碌碌少暇，未能握筆，最近景宋通信也說及此事，有「回憶之文，非師莫屬」之語，我便立意隨時寫出，每章只標明目次，不很計其時間之先後。可惜現在身邊沒有「魯迅全集」，有時想找點引證，多不可得，這是無可奈何的！

— 1 —

一 翦辮

一九〇二年初秋，我以浙江官費派往日本東京留學，初入弘文學院豫備日語；魯迅已經在那里。他在江南班，共有十餘人，也正在預備日語，比我早到半年。我這一班也有十餘人，名爲浙江班，兩班的自修室和寢室雖均是毗隣，當初却極少往來。我們二人怎樣初次相見，談些什麼，已經記不清了。大約隔了半年之後吧，魯迅的翦辮是我對他的印象中要算最初的而且至今還歷歷如在目前的。

留學生初到，大抵留着辮子，把它散盤在頂門上，以便戴帽。尤其是那些速成班有大辮子的人，盤在頭頂，使得制帽的頂上高高聳起，形成一座富士山，口裏說着怪聲怪氣的日本話。小孩們見了，呼作『鏘鏘波子』。我不耐煩盤髮，和同班韓强士，兩個人就在到東京的頭一天，把煩惱絲翦掉了。那時江南班還沒有一個人翦辮的。原因之一，或許是監督——官費生每省有監督一人，名爲率領學

生出國，其實在東毫無事情，連言語也不通，習俗也不曉，眞是官樣文章——不

允許吧』可笑的是江南班監督姚某，因爲和一位姓錢的女子有姦私，被鄒容等五

個人闖入寓中，先批他的嘴巴，後用快剪刀截去他的辮子，挂在留學生會館裏示

衆，我也與奮地跑去看過的。姚某便只得狠狠地偸偸地囘國去了，魯迅翦辮是江

南班中的第一個，大約還在姚某偸偸囘國之先，這天，他翦去之後，來到我的自

修室，臉上微微現着喜悅的表情。我說：『阿，壁壘一新！』他便用手摩一下自

己的頭頂，相對一笑，此情此景，歷久如新，所以我說這是最初的，而且至今還

歷歷如在目前的一個印象。

魯迅對於辮子，受盡痛苦，眞是深惡而痛絕之，他的箸作裏可以引證的地方

很多，記得『吶喊』便有一篇『頭髮的故事』，說頭髮是我們中國人的寳貝和寃

家。晚年的『且介亭雜文』裏有云：

　　『對我最初提醒了滿漢的界限的不是書，是辮子。這辮子，是砍了我們古人的許多頭，這才種

定了的，到得我有知識的時候，大家早忘却了血史，反以爲全留乃是長毛，全剃好像和尙，必須剃一

無怪不知不覺地表現到臉上來了。

看了上面所引，魯迅在初翦辮子的時候，那種內心的喜悅，也就可以推測，

了保存古迹，留辮不翦，我大約是央不會這樣愛她的。」

的緣故。我的愛護中華民國，焦唇敝舌，恐其衰微，大半正為了使我們得有翦辮的自由。假使當初為

奇，或者竟覺得有趣，但我却仍綴要憎恨，憤怒，因為自己是曾經因此喫苦的人，以翦辮為一大公案

「……假使都曾上有一個拖着辮子的人，三十左右的壯年和二十上下的青年，看見了恐怕以為珍

魯迅的那篇絕筆『因太炎先生而想起的二三事』（且介亭雜文末編）有云：

終於也有了這一天了。」（同上）

罵。幾個也是沒有辮子的老朋友從鄉下來，一見面就廢着自己的光頭，從心底裏笑了出來追：哈哈，

得革命給我的好處，最大，最不能忘的是我可以從此昂頭驚頂，慢慢的在街上走，再不聽到什麼嘲

「『不亦快哉』！——到了一千九百十一年的雙十，後來紹興也掛起白旗來，算是革命了。我覺

魯迅回國之後，照例裝假辮子，也受盡侮辱，同書裏有云：

點，留一點，才可以算是一個正經人了。而且還要從辮子上玩出花樣來，……」（病後雜談之餘）

— 4 —

二　屈原和魯迅

魯迅在弘文學院時，已經購有不少的日本文書籍，藏在書桌抽屜內，如拜倫的詩，尼采的傳，希臘神話，羅馬神話等等，我看見了這些新書中間，夾着一本綫裝的日本印行的『離騷』——這本書，他後來赴仙台學醫，臨行時贈給我了——稍覺得有點奇異。這也是早期印象之一。他曾經對我說過：『「離騷」是一篇自敍和託諷的傑作，「天問」是中國神話和傳說的淵藪。』所以他的『中國文學史』上，關於『離騷』有這樣的話：

『其辭迹已之始生，以至壯大，迄於將終，雖懷內美，重以修能，正道直行，而罹讒賊。於是放言遐想，稱古帝，懷神山，呼龍虬，思佚女，申紓其心，自明無罪，因以諷諫。次述占於靈氛，問於巫咸，無不勸其遠游，毋懷故宇。於是馳神縱意，將翱將翔，而睠懷宗國，終又寗死而不忍去也。』

他的『中國小說史略』上，關於『天問』說：

「若求之詩歌，則屈原所賦，尤在「天問」中，多見神話與傳說，如「夜光何德，死則又育？厥

利維何，而顧菟在腹？」「鯀何所營？禹何所成？康回馮怒，地何故以東南傾？」「崑崙縣圃，其尻

安在？增城九重，其高幾里？」「鮫魚何所？魃堆焉處？羿焉彃日？烏焉解羽？」是也。

記得郭沫若先生著「莊子與魯迅」一文，說魯迅熟於「莊子」，就其文章中

慣用「莊子」的詞句摘了好多出來，這話是確當的。魯迅又熟於「屈子」，我也

仿照就其幾首舊詩中，很粗略地摘一點出來，以見一斑。其中有全首用騷詞，

如：

　「一枝清采妥湘靈，

　九畹貞風慰獨醒，

　無奈終輪向艾密，

　却成遷客播芳聲！」

此外，如：

　　詞　句　詩　題　　著作年分

惆悵　同上

無女耀高丘　悼丁君　一九三三

蛾眉　報載患腦炎戲作　一九三四

衆女　同上　同上

芳草變　秋夜有感　同上

又魯迅采作『彷徨』題詞的是：

「朝發軔于蒼梧兮，

　夕余至乎縣圃。

欲少留此靈瑣兮，

　日忽忽其將暮。

吾令羲和弭節兮，

　望崦嵫而勿迫。

路曼曼其修遠兮，

「吾將上下而求索。」

這八句正寫升天入地，到處受阻，不勝寂寞徬徨之感。

又魯迅在北平阜成門內，西三條胡同寓屋書室，所謂「老虎尾巴」者，壁上挂着一副他的集騷句，倩喬大壯寫的楹聯，其文爲：

「望崦嵫而勿迫；
恐鵜鴃之先鳴！」

這表明格外及時努力，用以自勵之意。

我早年和魯迅談天，曾經問過他，「離騷」中最愛誦的是那幾句？他便不假思索，答出下面的四句：

「朝吾將濟于白水兮，
登閬風而緤馬。
忽反顧以流涕兮，
哀高丘之無女！」

依我想，「女」是理想的化身。這四句大有求不到理想的人誓不罷休之意，

所以下文還有「折瓊枝以繼佩」之句。

至於說「『天問』是中國神話和傳說的淵藪」，也是正當的。可惜書中至今

還有未得其解的地方，自近年來，卜辭出土，新證逐多，使難以索解之文漸次明

白了。例如王國維先生攷定了山海經中屢稱帝俊，俊就是帝嚳；又所說王亥（大

荒東經）確是殷代的先祖。於是「天問」中，「該秉季德……恆秉季德……」，

足以證明了「該」卽王亥，乃始作服牛之聖。「恆」是玉恆，也是殷的先祖。所

以王先生說：

「王亥與上甲微之間，又當有王恆一世，以「世本」「史記」所未載，「山經」「竹書」所不

詳，而今於卜辭得之；「天問」之辭，千古不能通其解者，而今由卜辭通之，此治史學與文學者所當

同聲稱快也。」

三　雜談名人

二十世紀初年，我國譯界負盛名的有兩人：曰嚴復，曰林紓。魯迅受過這兩人的影響，後來却都不大佩服了。有一天，我們談到『天演論』，魯迅有好幾篇能夠背誦，我呢，老實說，也有幾篇能背的，於是二人忽然把第一篇『察變』背誦起來了──

『赫胥黎獨處一室之中，在英倫之南，背山而面野，檻外諸境，歷歷如在几下。乃懸想二千年前，當羅馬大將愷撒未到時，此間有何景物：計惟有天造草昧，人功未施，其藉徵人境者，不過幾處荒墳，散見坡陀起伏間；而灌木叢林，蒙茸山麓，未經删治如今日者則無疑也。……』

魯迅到仙台以後，有一次給我通信，還提及『天演論』，開個玩笑。大意是說仙台氣候寒冷，每天以入浴取暖。而仙台浴堂的構造，男女之分，只隔着一道矮的木壁。信中有云：『同學陽狂，或登高而窺裸女。』自注：『昨夜讀「天演

── 11 ──